你是孩子最好的玩具

安中玉　编著

吉林文史出版社
JILIN WENSHI CHUBANSHE

图书在版编目（CIP）数据

你是孩子最好的玩具 / 安中玉编著 . -- 长春 : 吉林文史出版社，2023.5

ISBN 978-7-5472-9167-2

Ⅰ . ①你… Ⅱ . ①安… Ⅲ . ①儿童教育—家庭教育 Ⅳ . ① G782

中国版本图书馆 CIP 数据核字 (2022) 第 196868 号

你是孩子最好的玩具

NI SHI HAIZI ZUIHAO DE WANJU

编　　著　安中玉
出 版 人　张　强
责任编辑　张雅婷
封面设计　郑金霞
出版发行　吉林文史出版社
地　　址　长春市净月区福祉大路 5788 号出版大厦
印　　刷　天津海德伟业印务有限公司
开　　本　640mm×910mm　　1/16
印　　张　12
字　　数　108 千
版　　次　2023 年 5 月第 1 版
印　　次　2023 年 5 月第 1 次印刷
书　　号　ISBN 978-7-5472-9167-2
定　　价　69.00 元

有这样一句话：三流妈妈给手机，二流妈妈给玩具，一流妈妈给孩子高质量的陪伴。

这实际上就是在讲亲子关系问题。一流妈妈或者说家长，首先要做到的是"陪伴"，其次是"高质量"，两者缺一不可。唯有这样的亲子关系，才能为高效培育孩子提供保障。

前者对于以忙碌为借口的家长来说，连基本的陪伴时间都无法满足，而后者则对陪伴孩子的家长们提出了高要求，即质量。无质量的陪伴甚至会起反作用。

我认识一位家长，去他家做客时，发现他在家里设置了一个独立办公室，认为这样工作和带孩子两不耽误。实际上，孩子经常来找他玩，有时会弄得资料、电脑键盘一团糟，后来他索性把房间的门锁死，任凭孩子如何大声敲门也不开门、不回应。

因为妈妈长期出差，爸爸始终是这种带孩子状态。过了一年时间，孩子慢慢开始出现沟通障碍，任谁和他沟通也没特别反应。当家长把孩子带到专业医院进行发育测评时，发现孩子语言发育迟缓，还伴有轻度自闭，真是后悔莫及。

事实上，除那些极为特殊的职业外，大部分家长都有时间陪孩子，即使时间不长，只要有好的方法，一样可以收获好的效果。美国前总统奥巴马那么忙，依然没有缺席过一次女儿的家长会，并且只要不去国外访问，就会每晚陪伴孩子共进晚餐。

记得樊登老师说过一句话："如果你觉得教育孩子很痛苦，那一定是你用错了方法。"所谓高质量的陪伴，就是用有效的陪伴方法去陪伴，如果掌握了这样的方法，不必全天候都和孩子在一起，只要在陪伴时间做到全身心投入就会有效果。

现代社会竞争激烈，家长下班后常常已经十分疲惫，无暇顾及孩子的内心感受。但是，恰恰因为时间少，与孩子交流的时间有限，才要珍惜这样的机会。

我们绝不能以工作、事业忙碌为借口只重视孩子的物质需求，却忽视了孩子的心理及精神方面的需要。我们最需要做的也许只是暂时放下手头的工作，多陪陪孩子，每天拿出一定时间与孩子交流。在亲子互动中，增加孩子对生活的认识，让孩子体验到父母的关心，体验到亲情的愉悦，体验到存在的价值。

正如法国作家拉罗什富科所言："生活中有些东西是可以用金钱来买卖的，但还有一些东西是永远无法用金钱来衡量的。"

本书针对 0~6 岁的孩子，帮助家长在这一最佳亲密关系期，尊重孩子身心发展规律，为孩子建立信任感和安全感，把握性格形成的关键期，为孩子成长赋能。

本书名为《你就是孩子最好的玩具》，对于孩子而言，他们真正需要的不是单纯的玩具、零食或动画片，而是家长本身。如果你所投入的是高质量的陪伴，你就比任何玩具会让他喜欢和着迷。

希望本书能让更多家长学会高质量的陪伴，它所体现的特点就是：绝对的信任感和安全感；持久的陪伴和支持；高效的回应和互动；零距离的亲密感和百分之百的归属感。

目 录

CONTENTS

第一章

0~1岁，建立信任感和安全感的乳儿期：
妈妈是宝宝的整个世界

　　宝宝从黑暗的子宫来到这个崭新的世界，对一切都充满了未知和恐惧。这个时期，母子关系就是宝宝的整个世界，没有比与宝宝建立亲密的依恋关系更重要的事情了，只有得到妈妈悉心的照料，在精神上得到充分的爱抚和热情的关怀，宝宝才能建立对父母对这个世界的安全感和信任感，从而为其个性的健康发展打下基础。

妈妈的声音和气味对宝宝很重要

实际上,1~3个月的婴儿是通过感觉而非思考来认识世界的。

这个阶段的宝宝,听觉和嗅觉非常敏锐,因此可以很容易通过声音和气味认出妈妈。在胎儿时期宝宝的听力就已经发育完善,因此,刚出生的婴儿听见妈妈的声音就会将头转向妈妈。

所以,妈妈要多与宝宝温柔地"说话",多逗宝宝玩,让宝宝继续生活在自己所熟悉的声音环境中。妈妈的气味对

小宝宝也很重要，宝宝的嗅觉是与负责情绪发育的脑组织直接相关的，如果每天都闻到同一种气味，将有助于宝宝的情绪发育。

也正是因为如此，如果没有必要，这个养育阶段，家里应尽量减少客人尤其是陌生人的来访。陌生人的声音、气味对宝宝的成长，反而会带来一些困扰。

另外，出于很多原因，很多家庭的宝妈无法保证长时间照顾宝宝，经常轮换抚养人，不同的声音和气味自然会对宝宝的成长带来不利。事实上，如果有可能，直到宝宝1岁前，都应该让他每天听到妈妈独有的声音，闻到妈妈独有的气味。

实在没有这种可能，退而求其次，也要尽量保证宝宝长期听到同一个抚养人的说话声，闻到同一个抚养人的气味，用同样的方式吃饭、睡觉，形成有规律、有安全感的生活，这对宝宝来说比什么都重要。

及时回应宝宝的哭声

宝宝未出生时，在妈妈的肚子里处于一种温暖舒适的状态，那些来自妈妈身体内部发出的声音听起来也极为惬意，一切都既安全又舒适。

但是出生后，一个刺眼而又冰冷的世界将他围住，那些熟悉的温暖被不熟悉的冷热不均的尿布之类的物品所替代，甚至因为很多原因，还不能随时"就餐"，再加上陌生的嘈杂之音，这让他感到极不适应。

　　于是，哭成为他表达不舒适的唯一方式。慢慢地，宝宝也越来越"熟练"地通过哭的方式建立与妈妈的亲密关系。他很清楚地意识到：只要发出哭声，妈妈就会被召唤过来为自己提供帮助。

　　一般而言，宝宝哭闹的原因无外乎有几种：肚子饿了想吃奶；尿片湿了需要换；小屁股长了尿布疹难受；想睡觉了；受到惊吓了；温度不合适了；生病或者疼痛。

所以，妈妈要针对宝宝的哭声，逐一排查，找出问题到底出在哪里。另外，因为宝宝可以很敏锐地感知妈妈的情绪，所以妈妈保持一个乐观的心态非常重要。如果妈妈本身情绪紧张或者烦躁，宝宝也一定在情绪上受到感染。所以，妈妈保持良好的心态来回应宝宝的哭声，这是对宝宝最好的安慰。

如果宝宝一哭，妈妈就及时过来给予安慰和解决问题，那么宝宝就能知道自己的举动所带来的结果，从而有所期待。

有些妈妈错误地认为：要让宝宝养成按时吃奶的习惯，任凭宝宝怎么哭，都不去理睬，一定要到点"吃饭"。

还有的妈妈从宝宝出生时开始，就出于培养"坚强的品质"的目的，对宝宝的哭闹不予理睬，甚至直到宝宝哭得精疲力竭了才过去看护，认为这是在训练宝宝"不要什么事情都哭鼻子"……

这样错误的方式会导致什么后果呢？

宝宝会因为没有出现自己期待的结果而感到慌张和不安，这样不仅会对宝宝的智力发育造成影响，还会让他对这个世界和父母产生不信任感。未来长大了，也很难对其他人建立信任，对追求的事物也容易持消极的态度。

要知道，宝宝正是从出生后的一点一滴的成长过程中来认识这个世界的，如果不能从最亲密的妈妈或固定的抚育人身上得到安全感，自己发出的声音不能得到及时的回馈，他对周遭的世界表现出来的必然是消极、恐慌和回避。

因此，及时回应宝宝的哭声，这个看似简单的养育细节，恰恰对宝宝的成长如黄金般重要。

正确抱宝宝，安全又有爱

稚嫩的小宝宝是一个家庭的掌中宝，有些妈妈一旦听到宝宝哭，就放下一切，赶紧抱起宝宝。在妈妈温柔的哄逗下，宝宝很快停止了哭泣。但是，这就让妈妈累得无法脱身，唯恐放下宝宝，宝宝就又再次哭闹，真是"抱""放"两难啊。

当然了，有些妈妈甘愿这样"痛并快乐"，认为宝宝太小，只要有可能，希望宝宝永远躺在自己的臂弯里，以此增加肌肤相亲的机会，哪怕累个几年也值得。

还有些妈妈比较焦虑，虽然想多增加一些搂抱宝宝的时间，但又担心宝宝骨骼柔软，因为经常搂抱而导致颈椎弯曲变形。尤其是几个月大的宝宝头部相对还比较大，脆弱的颈椎实难支撑头部的重量。因此，索性更多时间让宝宝躺在床上，以此减轻颈椎、颈部的负担。

那么，到底是尽量多抱着还是尽可能地让宝宝躺着更合适？如何在抱着宝宝时，让宝宝更好地感受到妈妈的爱呢？

实际上，几个月大的宝宝，大部分时间都在睡眠中度过，妈妈没有必要在宝宝睡眠状态下还要抱着他。宝宝睡醒了，妈妈可以轻轻地抱起他，温柔地和他说话，四处带他走走、看看。

至于安全问题，的确，这需要一定的常识。几个月大的宝宝身体较为柔软，头部较重，妈妈抱着宝宝时，对宝宝的颈部和腰部要格外注意。

　　正确的抱法是用一只手托住宝宝的背、脖子、头，另一只手托住小屁股和腰。或者将宝宝的头放在左臂弯里，手肘护着宝宝的头，左腕和左手托住宝宝的背和腰，用右胳膊护着宝宝的腿，右手托着宝宝的屁股和腰。最好让宝宝的头贴着你的左胸，这样宝宝听到熟悉的心跳声，就会因为熟悉而产生安全感。

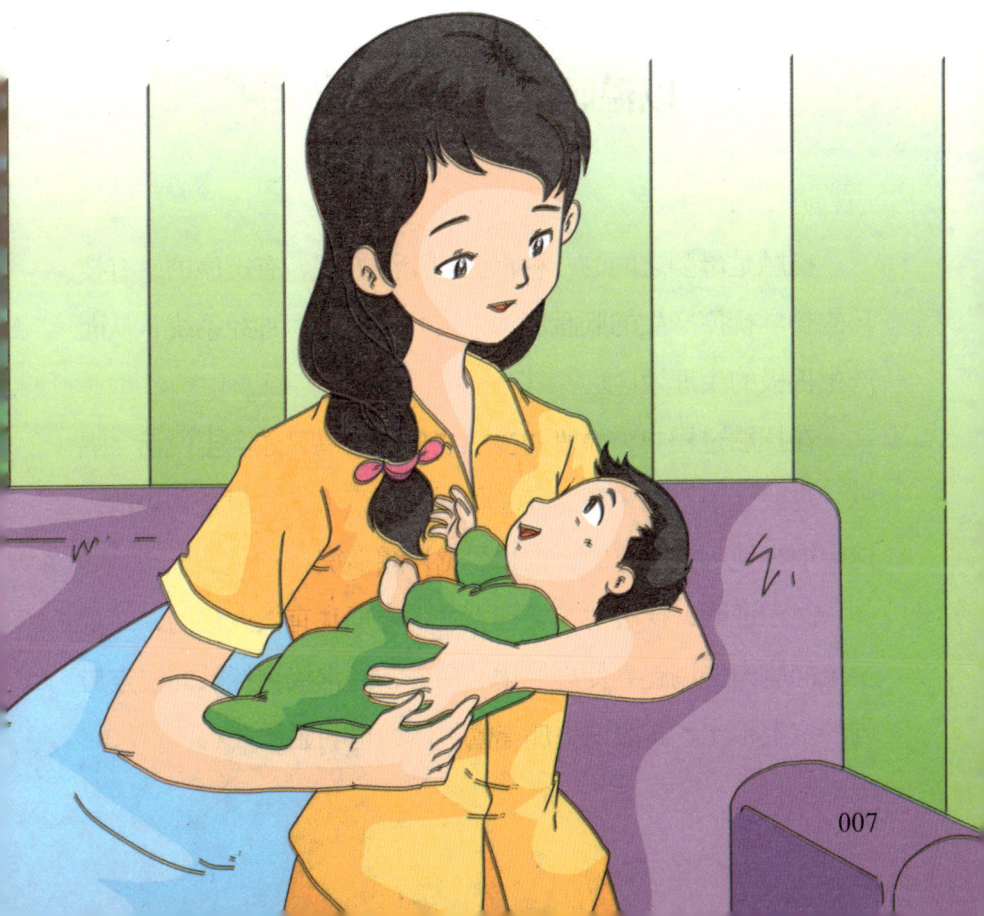

对于没有超过 3 个月的宝宝，因为其颈部、背部肌肉还没完全发育好，所以最好以横着抱为主，以此确保最大限度减轻背部和颈部的压力。

除安全方面的考虑外，在抱宝宝时，多和宝宝进行声音刺激、语言交流，这会更好地促进宝宝的大脑发育，更能让宝宝感受到妈妈的体贴和关注。否则，只是单纯做个 24 小时手不离娃的辛苦妈妈，除单纯照顾到宝宝的安全外，其他方面的养育效果就会大打折扣。

以温暖的抚触呵护宝宝

抚触是母婴之间的一种重要的交流方式，有次序的、有技巧的科学抚摸产生的刺激能通过皮肤传到中枢神经系统，从而产生积极的生理效应。

在抚触过程中，除肌肤接触之外，妈妈对着宝宝说话、唱歌，也会让宝宝集中精力专注聆听和观察妈妈的声音和表情，这会很好地刺激宝宝的听觉和视觉神经系统。

医学证明，抚触对宝宝建立睡眠周期也有很大帮助，并对宝宝的肌肉协调起到促进作用。另外，经常接受抚触的宝宝与同龄宝宝相比，其表情更加丰富，体力也明显增大。

　　抚触一方面让妈妈经由对宝宝的爱抚而心旷神怡，另一方面也令婴儿产生愉悦感受，这对婴儿长大后拥有自信和乐观的性格有很大的帮助。可以说，抚触是妈妈送给宝宝的一件无法估价的珍贵礼物。

　　现在，抚触已经越来越被妈妈们所重视了，希望家有小宝宝的妈妈们都要重视起来。

　　为宝宝抚触前，先要找一个舒适、安静、温暖的场地，比如洒满阳光的地板、舒适的床等。注意不能在宝宝饥饿或刚吃完奶时抚触，还要注意妈妈的双手要温暖、光滑，指甲要短、无倒刺，并摘掉首饰，以免划伤宝宝的皮肤。

可以让宝宝赤身躺在一层软软的垫子上，接着妈妈在手上涂一些婴儿油，双手来回互搓，让手掌温暖。准备就绪，抚触就可以开始了。整个过程需 10 分钟左右，但要保证妈妈和宝宝一直有目光交流，最好再有点优美的音乐来烘托气氛。

给宝宝抚触可以按照头部、胸部、腹部、四肢、手和足、背部和臀部的顺序依次进行。

1. 头部

A. 用两手拇指指腹从眉间向两侧滑动。

B. 两手拇指从下颌上、下部中央向外侧、上方滑动；让上下唇形成微笑状。

C. 一手托头，用另一只手的指腹从前额发际向上、后滑动，至后下发际，并停止于两耳后乳突处，轻轻按压。

2. 胸部：两手分别从胸部的外下方（两侧肋下缘）向对侧上方交叉推进，至两侧肩部，在胸部画一个大的交叉，避开婴儿的乳头。

3. 腹部：食指、中指依次从婴儿的右下腹至上腹向左下腹移动，呈顺时针方向画半圆，避开婴儿的脐部。

4. 四肢：两手交替抓住婴儿的一侧上肢，从腋窝至手腕轻轻滑行，然后在滑行的过程中从近端向远端分段挤捏。对侧及双下肢的做法相同。

5. 手和足：用拇指指腹从婴儿手掌面或脚跟向手指或脚趾方向推进，并抚触每个手指和脚趾。

6. 背部与臀部：以脊椎为中分线，双手分别放在脊椎两侧，从背部上端开始逐步向下至臀部。

A. 婴儿呈俯卧位，两手掌分别于脊柱两侧由中央向两侧滑动。

B.以脊柱为中线，双手食指与中指并拢由上至下滑动四次。

以上方法经常实践，自然会越来越顺畅。

妈妈的爱通过抚触传递给宝宝，宝宝愉悦的反应同样让妈妈很享受。可以说，抚触是建立心理依恋的方法之一，我们一定要掌握并经常实践。

适时开启宝宝的感官综合训练

4~6个月的宝宝，他的视网膜已经发育很好了，因此会在听到声音后，通过视线来寻找声音源头或者追踪物体。当有人在房间走动时，宝宝的眼睛也会跟着走动的人而转动。有时还会用手去抓取眼睛看到的东西，比如床边所悬挂的一些吊饰、玩具等。

4个月左右时，宝宝开始表现出对不同颜色的喜爱，尤其会对红色的东西更为敏感。因此，妈妈可以选取一些红色的玩具、物品来给宝宝玩耍、摆弄。

5个月的宝宝，视觉又有了进一步的发展，会用目光追随掉在地上的玩具，还会注意到距离更远的物体，如天上的白云和大街上的车辆等。这时候妈妈要更多地指认周围的事物介绍给宝宝听，不要去管宝宝是否能听懂，不要嫌麻烦，一遍遍重复给宝宝听，就会让宝宝有所感知。

在宝宝 4 个月的时候，听力的功能基本接近于成人，可以与妈妈进行简单的互动，比如，听到妈妈的说话声，会做出一些附和或简单应答。

5 个月的时候，可以训练宝宝对自己名字的反应能力。如在小区里和其他家长一起抱宝宝晒太阳的时候，其中一个陌生的妈妈叫别的小朋友的名字，看看宝宝有无反应，然后再说宝宝的名字，看他是否回头。当宝宝听到名字回头并表现出很高兴的表情时，要及时地鼓励宝宝："你真棒，真聪明！"用以强化宝宝对自己名字的反应能力。

当然，对宝宝的称呼固定最好，否则会让小家伙无所适从，不确定是否在叫自己。

5~6 个月时，妈妈还可以给宝宝念儿歌，虽然他还不懂儿歌的意思，但是他会喜欢儿歌有韵律的声音和欢快的节奏，更喜欢妈妈念儿歌时亲切又丰富的表情、口形和动作。念儿歌的时候，妈妈要注意使用固定的内容、动作和表情，使宝宝做到耳、眼、手、足、脑并用，便于记忆和学习。

这个时期的宝宝，会越来越表现出对外面世界的好奇，因此特别喜欢和妈妈出去散步。对于只能躺着的小家伙来说，没有比散步更能调节情绪了。生活中，我们看到很多宝宝一到家

里就哭，一到外面就高兴，就是因为他们充分体会到了外面世界信息的丰富性。

此外，妈妈带宝宝多走出户外，还会使宝宝的触感得到很好的锻炼，增加宝宝感知器官发育的机会。

无论对宝宝进行什么样的训练，妈妈们一定要记住及时鼓励和表扬宝宝，虽然他不一定能真正听懂你的话，但他能从你的语气、表情当中感受到你的鼓舞，从而增强他探索这个世界的勇气。

做好"藏猫猫"和"打哇哇"游戏

好的游戏总是能很好地让宝宝参与进来并乐在其中，6个月大的宝宝非常适合的亲子游戏就是"藏猫猫"和"打哇哇"。

"藏猫猫"是父母和宝宝之间最常见的游戏，这种游戏不仅可以增进宝宝的记忆力，还可以增强宝宝的反应能力。当妈妈用手捂着自己的脸，让宝宝看不到，之后突然把手放下说："猫儿，看见啦！"这时候宝宝就会发出咯咯的笑声。

有时候，妈妈还可以藏起来，宝宝发现眼前的人突然变没了却还有声音，一副很吃惊的样子，会用眼睛到处寻找。这时候妈妈一下子蹦了出来，熟悉的人突然回来了，宝宝就觉得很好玩。有时还可以玩三个人的"藏猫猫"游戏，一个人抱着宝宝，另一个人在左面或右面不同位置叫宝宝的名字。

我家的相册里至今保留着一张老公抱着女儿的照片，女儿乐得眼睛眯成一条缝，因为笑得太厉害了，小鼻梁上挤出很多道褶，口水都流到下巴上了，当时就是我们三口人正在玩这个游戏。

最开始时，宝宝并不懂这是在做什么，只是循着声音的方向本能地寻找是谁在喊自己。宝宝乐得左一下右一下地寻找，小脖子灵活地转来转去。后来逗他的人变换了规律，随意地左左右右，一开始宝宝还是按原来的规律左一下，右一下，左一下，右一下，然而却发现这次没有人了，就在那实实在在地等待，样子可爱极了。再后来宝宝越来越熟悉了怎么回事，可以灵活地知道声音到底是从哪里来的了。

"藏猫猫"的游戏可以随着宝宝的成长而加大难度，成为宝宝从婴儿期到童年期都很喜欢玩的游戏。

而"打哇哇"游戏，也是这个阶段妈妈和宝宝有效互动的一个有趣的游戏，尤其是在宝宝哭闹时用上这一招，很多时候会让宝宝快速高兴起来。

带宝宝的妈妈们经常在小区里边抱着宝宝晒太阳，边开"育儿交流会"。然然妈在然然6个月的时候成功地让他掌握了"打哇哇"的本领，她忍不住分享她成功的经验：

　　有一天，我忽然想起这个游戏，就把手放在他的嘴上说："小宝，打哇哇。"他怔了一下，很诧异地看着我，没有任何反应。我又把手放在自己嘴上，很有节奏地拍着，嘴里发出"哇哇哇"的声音。然然很好奇，这时老公从身边经过，我忙拉住他，把手放在他的嘴上对宝宝说："小宝，爸爸也打哇哇。"老公照着我的样子做起来，宝宝笑了。我又把手放在宝宝嘴边，轻轻拍着，嘴里说："哇哇哇……"这时，然然竟然也发出了"哇哇哇"的声音，尽管声音很小，但我还是受到了莫大的鼓舞，于是抱起然然，亲了又亲。当我再次把手放在他嘴边轻拍时，他的哇哇声比刚才大了，也更清晰。这样反复几次，然然配合得很好，现在只要我抬起手来说："打哇哇。"他都主动把小嘴送过来，而且声音很大很有节奏。有时他的小手也拍我的嘴，我就发出"哇哇哇"的声音。宝宝非常喜欢这个游戏。即便是他不高兴或是正在哭的时候，只要我一打哇哇，他就会笑起来。

　　"打哇哇"游戏不仅能锻炼宝宝的模仿能力，还能让宝宝掌握简单的节奏，这是他感到好玩、快乐的事。

利用镜子进行社会性培养

宝宝到了4个月时，开始对镜子中所呈现出的影像产生兴趣，会好奇地用小手去摸镜面。尤其对镜子中的自己越来越感兴趣，尽管他还不懂那个影像就是他自己，他会本能地对着镜子中的那个小家伙笑一笑或者做出一些小动作。

实际上，在宝宝3个月大时，一些宝宝还没有对镜子中所呈现出的自己影像表现出浓厚的兴趣，那态度与对待墙面上的一张普通的贴画没有太大区别。

如果宝宝对镜中的自己有亲昵、微笑的反应，实际上就是宝宝对他人、对周围环境的信任感和安全感的体现，这些正是社会性内容的一部分。

因此，我们将镜子作为培养宝宝社会亲和性的有益玩具，而且镜子对丰富宝宝视觉体验也很有好处，是宝宝的好朋友。因此，可以利用镜子对6个月以前的宝宝进行社会性培养。你给宝宝提供的镜子，实际上是给宝宝提供了一个一起玩的"小朋友"，在宝宝与"小朋友"玩的过程中，宝宝的社会性也随之得到发展。

严格来说，8个月之前的宝宝，他还分辨不清镜子里的影像和实体有什么不同，有时候对着镜子笑，是因为镜子里的"小朋友"也对着他笑而已。只有宝宝到了 10 个月的时候，才能了解到镜子里看到的不是真的，只不过是个影像罢了。

　　镜子给宝宝提供了认识自己的机会，这对自我意识的发展有积极的帮助，也对日后建立自信有促进作用。此阶段，妈妈可以把宝宝抱到穿衣镜前，并拿一个能发出响声的玩具，先问宝宝"玩具在哪里？"宝宝多半会向镜子中的影像伸出手，这时候妈妈可以把玩具弄出声音来，让宝宝转过头看玩具，然后把玩具藏起来，让他的注意力回到镜子上。如此反复进行，宝宝会玩得很开心。慢慢地，他就明白镜子中的影像与现实中物品的区别。

另外，妈妈还可以借助镜子教宝宝认识自己和自己的五官。妈妈把宝宝抱到穿衣镜前，指着宝宝的脸，反复叫他的名字，再指着他的五官（不是镜子中的），以及头发、手、脚，让宝宝认识。

镜子是个很好的玩具，随着宝宝的成长和妈妈的耐心引导，宝宝就会在认识自己的历程中迈入一个新的生命成长阶段。

看懂自己宝宝的黏人现象

宝宝几个月大的时候比较黏人，这是很多妈妈都有的体验。尤其妈妈有急事要出门时，宝宝哭喊着抓着妈妈不肯撒手，这种体验就更深刻了。

那一刻，妈妈真是又喜又愁，喜的是，自己被宝宝这么依恋，是有了深深的被需要感；愁的是，自己总不能什么事也不做，哪里也不去，一天24个小时全程陪伴啊。

宝宝不愿意独自玩耍，喜欢黏人，那是他对熟悉的亲人逐渐产生依恋情绪的表现，是宝宝成长过程中不可避免的现象，宝宝黏人至少说明他的情绪能力发展正常。特别是宝宝在6个月之后，进入依恋建立期，形成了对父母特殊的、明显的依恋，以及对生人的恐惧。尤其一到晚上，宝宝就会更黏人，因此，很多宝宝如果没有妈妈在身边就会不断地哭闹，即便是困得心慌也难以入睡。

心理学的研究表明，依恋行为同睡觉、吃饭一样，是儿童生存的基本需要。宝宝黏人不仅不是坏习惯，适当黏人还有助于提高其将来的沟通和交流能力。

如果1岁半前，宝宝还没有建立对家人的依恋感的话，反而是不正常的，这会对宝宝未来的生活产生阴影。因此，1岁半前的这段时间，爸爸、妈妈，尤其是妈妈，最好自己付出更多时间和精力陪伴宝宝成长。

很多妈妈在休完产假之后就上班了，没时间照顾宝宝，宝宝只能交给保姆或者老人带。宝宝和妈妈的关系慢慢疏远了，有些妈妈还引以为豪，认为自己生了个不会"黏人"的、大大方方的宝宝。

但这些妈妈却不知道，家庭才是最能够给每个宝宝温暖和勇气的地方，而提供这些力量的就是宝宝和父母之间温暖、亲密、连续不断的关系——适度的依恋（也就是黏人现象）。这不仅可以使宝宝找到满足感，而且还可以帮助宝宝享受愉悦。适度的依恋有助于宝宝建立信赖度和自我信任感，将来能够成功地与人和睦相处。

一般来说，亲子依恋可分为三种不同的类型：

第一种，安全型。

这类宝宝跟妈妈在一起时，能在陌生的环境中进行积极的探索和玩耍，对陌生人的反应也比较积极；当妈妈离开时，表现出明显的苦恼和不安；当妈妈回来时，立即寻求与妈妈的亲密接触，继而能平静地离开，只要妈妈在视野内，就能安心地玩耍。

第二种，回避型。

妈妈在场或不在场对这类宝宝影响不大，妈妈离开时，并无忧虑表现；妈妈回来了，往往不予理睬，虽然有时也会欢迎，但时间短暂。这种宝宝实际上并未形成对妈妈的依恋。

第三种，反抗型。

当妈妈要离开时，这类宝宝表现出惊恐不安，大哭大叫；一见到妈妈回来就寻求与妈妈的接触，但当妈妈去亲近他，如抱起他时，却又挣扎反抗着要离开，还有点发怒的样子，宝宝对妈妈的态度是矛盾的。即使在妈妈身旁，他们也不感到安全，不能放心大胆地去玩耍。

三种类型很好区分，在现实生活中也普遍存在，绝非个别现象。之所以有不同，是妈妈与宝宝交往的态度和行为，以及宝宝本身的气质特点所致。那种负责任的、充满爱心的妈妈，其宝宝常为安全型依恋；反之，则可能是反抗型或回避型依恋。

有了安全型的依恋，宝宝就能在陌生的环境中克服焦虑或恐惧，从而去探索周围的新鲜事物，并尝试与陌生人接近。这样就可以使宝宝扩大视野，其认知能力、智力都可得到快速发展。否则，长大后将不能很好地与他人交往。

  显然，妈妈这个角色对宝宝的心理健康至关重要，是宝宝心理上的"安全岛"和快乐的源泉。因此，妈妈要尽可能多地给予宝宝爱抚和鼓励，无论是充满感情的言语表达还是搂抱、亲吻等身体的接触，都不要吝啬，更不要长时间离开自己的宝宝。

  事实上，美国、日本等发达国家的妈妈一般都会在宝宝3岁进幼儿园之前，选择陪在宝宝身边，之后再开始着手工作或安排其他事务。

  当然，不是每个家庭都能做到这样的培育和安排，但如果有可能，还是应尽量多做这样的陪伴。

  如果妈妈在此期间必须上班，不得不把宝宝交给别人看护，需要掌握一个原则，那就是要保证这个人自始至终地照顾宝宝。看护宝宝的人经常变更或轮换，会使得宝宝在气味、声音等感觉方面得不到规律性的刺激，不利于情绪发育。

这个时期的宝宝还无法正确分辨出谁是妈妈，只会喜欢和自己相处时间最长的人。因此，宝宝更喜欢追随主要抚养人是非常正常的。妈妈心里虽然难受，但也只能接受。

如果主要抚养人能很好地照顾宝宝，还是应该心存感激的。反之，如果妈妈一出现，宝宝就跑过来找妈妈而不想回到主要抚养人身边，这就说明主要抚养人没有给宝宝提供安定的养育环境。如果老人带宝宝的时候让宝宝整天看电视，或者带着不喜欢陌生环境的宝宝在社区里走东家串西家、让宝宝接触到许多人，就很难与宝宝建立稳定的依恋关系。

对"怕生"宝宝的正确引导

宝宝到了 5~6 个月时，他的自我认识和活动范围进一步扩大，识别能力不断增强，已能很好地区别自己的父母和其他人了。此时，细心的妈妈会觉察到，3 个月的时候，朋友来看宝宝，宝宝还在人家怀里笑呵呵的，但这个时候人家再来抱他，他却"翻脸不认人"，甚至是朋友一开门被宝宝瞅见，宝宝就开始哇哇大哭起来，真是令妈妈有些尴尬。

所以，有些妈妈就不能理解：为什么宝宝越大，胆子反而越来越小了呢?

实际上，宝宝在这个阶段出现的"怕生"属于正常现象，说明宝宝开始有了情绪的记忆，这恰恰是一种进步。

3个月左右的宝宝对谁都"自来熟"，也很容易接受陌生人的搂抱，是因为那时候他还不懂得"怕生"。而等宝宝长大一些，慢慢才有能力辨认出亲近的人和陌生的人，辨认出他们样貌的不同。直到5~6个月的时候，宝宝就已经具备了明显的记忆力。

"怕生"是宝宝认识能力发展过程中重要的变化，说明宝宝的感知和记忆能力在发展，对亲人和陌生人能加以区分，从而产生不同的反应。这个阶段，因为对陌生人不熟悉、不喜欢，他会感到恐惧、不安全，所以自然也就产生了"怕生"现象。

但到了两三岁的时候，宝宝还是"怕生"，那就需要注意了。如果这时候父母不注意正确引导而任其自然发展，那么就有可能影响宝宝的社会化进程。

因此，在宝宝刚有"认生"迹象的时候，妈妈可以有意识地带宝宝多接触其他人。比如，让家里其他人员帮着给宝宝喂奶、喝水、换尿布、逗着说话、抱着玩、做简单的游戏，让宝宝不太熟悉的人逗宝宝玩等，通过与其他人的接触，帮助宝宝适应他可能接触到的各种社会环境。

另外，可以多带宝宝出去接触陌生的环境，接触陌生的人，循序渐进地扩大他的接触范围，让宝宝一点点适应与陌生人交往，加强宝宝适应陌生环境的能力。

　　现实生活中，很多宝宝都比较喜欢年轻女性和小宝宝，因此，让宝宝接触陌生人可从这些人入手。当带宝宝到户外玩耍、去亲友家或有友人来自己的家中做客时，父母可抱着宝宝先与那些漂亮阿姨或者小朋友打招呼，讲几句话，让宝宝逐渐意识到除家里人外，周围还有许多别的人，他们也都是和蔼可亲的，用不着害怕。妈妈可以根据宝宝的这些特点，尽量围绕宝宝的喜好来扩展宝宝的社交圈子。

　　妈妈在日常遇见朋友时，可以先自然地与对方打个招呼、谈谈话，待宝宝习惯后再告诉宝宝对方是谁。等到宝宝与陌生人熟悉之后，才可以让他们摸摸宝宝甚至抱抱宝宝，千万不能很突然地将宝宝交给"陌生人"抱，以免加强他的戒备和紧张心理，反而让他更为害怕。

需要提醒妈妈的是，在解决宝宝怕生问题时，绝不能一厢情愿地勉强宝宝和谁亲近，这样只会进一步加深宝宝的排外心理。当陌生人到来时，如果宝宝出现怕生情况，要多加包容，要有耐心，允许他慢慢熟悉情况后，再慢慢与陌生人接近。如果宝宝无论如何都不愿意跟陌生人亲近，也不要强迫他，更不要让他单独与陌生人在一起。

　　另外，宝宝怕生情况明显，多半与爸爸妈妈对宝宝的担心、焦虑有关，这样的养育方式会让宝宝的性格更加敏感，胆子会越来越小，因此，千万不要过度强化。

　　当你懂得了宝宝怕生的原因后，因势利导，宝宝自然就能慢慢与周边的人建立起健康的互动关系了。

学会与半岁宝宝有效沟通

　　6个月以下的宝宝还不能通过言语表达自己的情绪，如果他不开心或者想要表达不满，就会用哭的方式向家长表达出来。爸爸妈妈看到宝宝哭，往往第一反应就是安慰，尽管并不完全知道宝宝到底因何而哭。但这样的沟通，并非有效沟通，是需要家长尤其是妈妈智慧面对的。

　　要记住，当你听到宝宝哭时，不要着急，先冷静地等待几秒钟，做好观察。这不是对宝宝的情绪不予理睬，而是首先去听宝宝的哭声正在对你"说"什么，宝宝的肢体语言暗示了些什么，周围环境如何，宝宝哭闹前发生了什么事情。只要进行综合分析，你就能知道宝宝究竟想要表达什么了。

这个阶段的宝宝无法通过语言表达自我，也听不懂妈妈说话的意思，但是宝宝是能够通过妈妈的表情和情绪来感受。所以，妈妈要利用自己的表情正确引导宝宝，使宝宝能根据妈妈的情绪和态度，修正自己的行为，提高辨别是非的能力。

比如说宝宝拿自己的小手来摸妈妈，就要赶紧对宝宝说："宝宝真乖！"并亲亲他的小脸蛋。看到父母愉快的表情，听到亲切的声音，得到甜甜的亲吻，宝宝就知道妈妈喜欢他这样，就会形成条件反射。

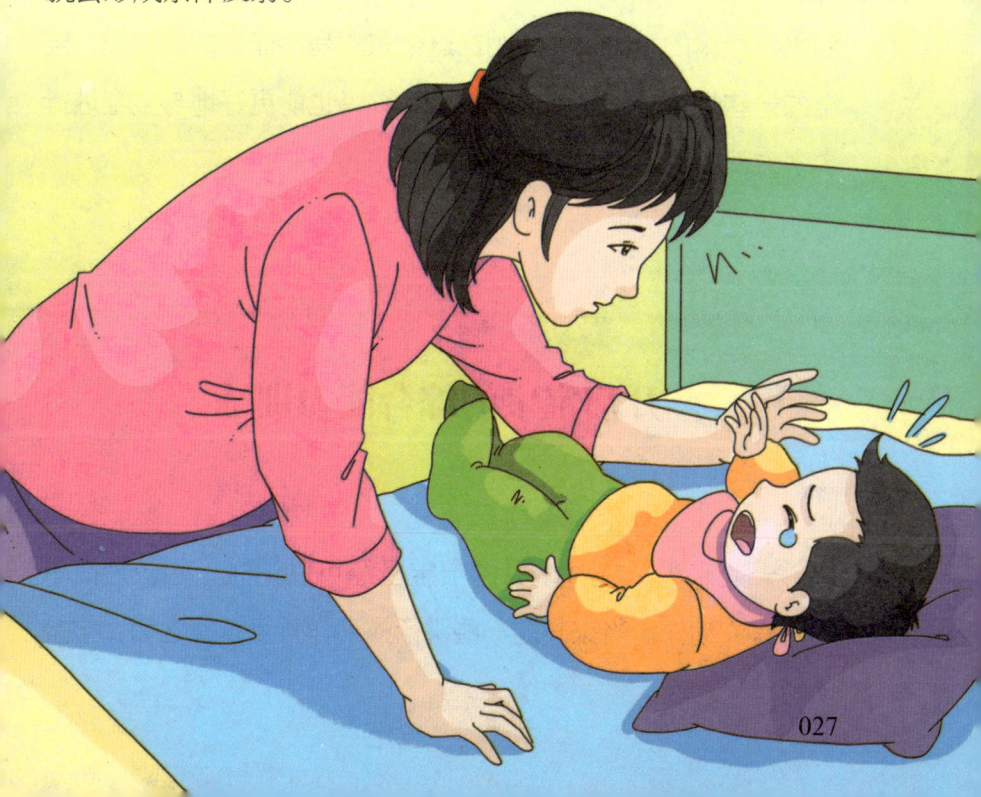

但是，如果宝宝用指甲抓了家长的脸一下，有的家长感觉宝宝太小，即使自己很痛，也不生气，采取放任的态度；有的妈妈甚至还让宝宝抓自己的头发玩；还有的爸爸故意拿宝宝的小手来拍自己的脸。时间长了，宝宝自己也分不清哪些行为是正确的，哪些行为是不恰当的，因此就会变得任性、不听话，想干什么就干什么。到那时候，再想阻拦改变就困难了。

这种情况在生活中屡见不鲜，往往就是家长没能做好与宝宝的有效沟通所致。因此，当宝宝做出某些不恰当的事情或某些危险的举动时，妈妈一定要用严肃的表情和语言进行制止和教导。

如果宝宝想要去摸一些危险的工具如剪子、刀子，要严肃地制止他："不能摸！"宝宝虽然不懂什么是危险的，但是看到妈妈严肃的表情，就会明白这个东西是不能玩的。这样，宝宝的一些规矩才能逐渐培养起来，妈妈也能更好地与宝宝进行更多方面的、更多层次的沟通了。

开启宝宝的综合能力训练

一般来讲，7~12 个月的宝宝已经可以记住一些较为简单的语言或动作。当家长的一些讲话或动作重复几次之后，宝宝就会期待着下一个动作或下一句话。也就是说，宝宝已经记住或理解了之前家长经常做出的动作及说出的语言。如果宝宝自己预判出的动作或语言真正发生时，他就会非常满足地手舞足蹈起来。

因此，妈妈们要抓住宝宝这个时段的发育特点，多给宝宝念朗朗上口的简短的儿歌，讲故事的时候也要注意自己的面部表情、口型和动作。每次讲的故事最好一字不差，以便加深宝宝的印象和记忆。每天坚持都给宝宝念儿歌讲故事，宝宝就会对图书越来越感兴趣，对宝宝语言的学习也很有帮助，有利于培养他将来的阅读习惯。

9~12个月是宝宝的语言理解阶段，妈妈要多给宝宝准备一些图片卡、识字卡，图像要清晰，色彩要鲜艳，主要教宝宝指认动物、人物、物品等。

对于生活中的事物，妈妈也要有意识地告诉宝宝它们的名称和说法。在教宝宝学习语言的时候，也要注意培养宝宝对数字的概念。虽然现在宝宝不会说话，更不可能口头数数和说出对数的理解，但当宝宝理解了一些字、词、句之后，就能够理解一些数字的含义了。比如在书本中看到三只小鸟，就可以数给他听："1只小鸟、2只小鸟、3只小鸟……"不要以为这样费力不讨好，当妈妈做了这样大量的积累之后，就会为宝宝的数学能力奠定牢固的基础。

这个阶段是开发宝宝数学能力的重要阶段，在此关键期得到科学系统且具有个性化的训练，宝宝的数学能力就会得到理想的发展，不仅在心算能力、掌握数字概念，以及空间概念方面表现突出，情商和智商也远远超过同龄人，一旦错过此关键期则会造成不足。因此，妈妈们不妨利用宝宝对于自己的依赖和信任，做好该阶段的综合能力训练。

7个月以上宝宝的亲子游戏

游戏是增强宝宝身心成长不可或缺的项目，妈妈与宝宝一起玩游戏，不仅可以锻炼宝宝各方面的能力，还可以增进与宝宝的感情。这个时期的游戏要根据宝宝的成长特点来进行。下面推荐 4 个最适合 7~12 个月宝宝的亲子游戏，实操性强，功能性也非常多元，一起来学习一下吧。

1. 撕纸游戏：促进宝宝的智力、情绪发展

这个阶段的宝宝特别爱撕纸，这是因为宝宝控制肌肉运动的能力有所增强，手的功能也有所提高。在撕纸的过程中，他可以体会控制物体的喜悦。所以说，千万不要觉得这是浪费，撕纸可是促进宝宝智力、情绪发展的游戏。妈妈们应多给宝宝准备些干净的纸，让宝宝撕个痛快。当然，给宝宝准备阅读的书最好是宝宝轻易撕不坏的，否则恐怕都会被小家伙撕个稀烂。

2. 爬大山游戏：锻炼宝宝的运动平衡能力

爬大山是这个阶段宝宝的主要游戏，妈妈可以通过爬行的游戏，让宝宝翻越障碍，增加宝宝的运动量，这样也可以更好地锻炼宝宝的平衡能力。妈妈可以在地毯上或者大床上躺下来，让宝宝从一侧爬越到妈妈身体的另一侧，同时对宝宝说"宝宝

爬山喽！"玩这个游戏的时候要注意一下宝宝的安全，最好在较为宽阔、平坦的地方玩。

3. 找爸爸游戏：驱动宝宝的主动探索能力

爬行是宝宝力所能及主动探索的过程。爬行好和好爬行的宝宝认知力强，看图识字、发音能力，以及日后行走、跑步的平稳程度均好于迟爬或少爬的宝宝。

玩找爸爸游戏时，妈妈先给宝宝看爸爸的照片，告诉宝宝："这是爸爸！"之后把照片放在地毯或者床的对面，诱导宝宝朝照片爬："宝宝快来找爸爸！"过一会儿再移动照片，鼓励宝宝继续爬，夸张地给宝宝加油。当宝宝终于爬到终点时，要鼓励宝宝："找到爸爸啦，宝宝真棒！"

4. 认识五官游戏：增强宝宝的社会适应性

这个游戏可以帮助宝宝加深对五官的认识，增强宝宝的社会适应性。玩游戏时，妈妈先亲热地搂抱宝宝，之后拿起宝宝的小手，让他摸摸妈妈的脸，告诉宝宝"这里是眼睛""这里是鼻子"等。

宝宝与妈妈的亲密接触，有利于与妈妈建立亲密的依恋感，有助于建立安全感和情绪稳定，发展良好的人际关系。

科学断奶，避免宝宝焦虑

宝宝 11~12 个月大时，是宝宝的断奶阶段，但对于幼小的宝宝和不忍心看宝宝难过的妈妈来说，断奶是件很痛苦的事情。不少妈妈不忍心让宝宝受罪，断奶进行了一次又一次，一直到宝宝 2 岁还断不了。还有的妈妈要上班，忽然之间给宝宝断奶，让宝宝身心俱伤。

事实上，这些不循序渐进的方式所进行的断奶，后果非常严重，可能会使宝宝体内蛋白质缺乏，兴奋性增加，容易哭闹，哭声不响亮、细弱无力，有时还会伴随腹泻等症状。

妈妈的奶水除给宝宝提供食物之外，对宝宝来说更有着情感上的依恋，如果事先没有足够的铺垫就粗暴断奶，宝宝会因为没有安全感而产生母子分离焦虑。表现为妈妈一走开就紧张焦虑，到处寻找，情绪低落，害怕与别人交往，怕见陌生人。

随着宝宝对各种营养需求的增多，单纯的母乳已经无法满足宝宝身体的成长需求了。此时宝宝的乳牙已经露头，具备基本的咀嚼和消化功能，对于半流质或半固体食物逐渐适应，断奶势在必行。断奶越晚，宝宝的恋乳心理就越严重，不愿吃粥、吃饭和其他辅食，会造成宝宝营养不良甚至还可能影响智力发育。

妈妈给宝宝断奶时，最重要的是要掌控好时机，要充分考虑宝宝的身体状况。如果宝宝正在生病，则不适宜断奶；如果本身宝宝体质不好，则也可以考虑迟一些断奶。此外，还需要考虑季节，避免在夏季天气炎热时断奶，夏季宝宝容易发生胃肠功能紊乱，如果此时断奶就会加重这种状况。因此，春、秋、冬三季较为合适。

有的妈妈认为断奶很简单，只要几天不见宝宝，不给宝宝吃奶就可以了。于是就挑选了一个假日，回娘家躲开宝宝，把宝宝交给爸爸来带。或者将宝宝送到爷爷奶奶家，避免与妈妈相见，在宝宝哭闹中把奶给断掉了。

另外有的妈妈还会采取粗暴的断奶方式，比如，在乳房上涂满黑色的墨汁，或抹点辣椒粉，让宝宝不敢再吃。这些都不是科学的断奶方法。如果没有一个过渡，宝宝很难接受其他食物，即使勉强接受了，胃口也很差。

另外，与宝宝断然分离的方式也很不可取，对于出生后一直依恋妈妈的宝宝来说，短短几天的分离，就可以让他们产生

很大的焦虑情绪。

　　科学有效的断奶是要循序渐进，慢慢减少哺乳的次数，慢慢增加辅食的数量。还可以尝试使用其他进食方式，让宝宝逐渐淡忘从前在妈妈怀里进食的方式。比如可先将母乳或果汁放入小杯子中用小匙喂宝宝，让宝宝习惯于用匙、杯、碗、盘等器皿进食。

　　断奶阶段，如果有爸爸参与进来更好。期间，妈妈要逐渐减少和宝宝相处的时间，增加爸爸照顾宝宝的机会，给宝宝一个心理的适应过程。刚开始宝宝可能有点不习惯，但渐渐他就会明白，爸爸一样也可以照顾他。当宝宝对爸爸产生了信任后，自然会减少对妈妈的依赖，进而缓解断奶时心理上的不适。

第二章

1~3 岁，人格初具的婴儿期：
利用最佳亲密关系期驱动宝宝成长

1~3 岁阶段是宝宝与家长，尤其是与妈妈关系最为亲密时期，如果妈妈能够利用好这一黄金阶段，对宝宝的培育做出有效引导，宝宝在此阶段接受的情商与智商教育会为他的未来发展打下极为重要的基础。

多给爱提问的宝宝"喂信息"

这是什么？

那是什么？

……

这是 1.5~2 岁的宝宝最经常说的话。当宝宝出现这样频繁的发问情况时，说明他的语言能力急速成长期来到了。宝宝似乎乐此不疲地把所有精力都花在了记事物的名称上，一旦他意识到所有的东西都有自己的名称后，他便会无时无刻地拉着家长问个不停。

但由于宝宝的这些问题极为单调而频繁，所以有些妈妈会越来越没耐心，甚至有时不会及时做出回应。事实上，宝宝目前正处于"问题阶段"，正是通过这种简单提问的方法来识记人与物的，这也是宝宝开始独立思考问题并且充满热情地进行学习的重要阶段。

正因为如此，家长的冷淡、消极回应会非常打击宝宝的学习热情。所以，家长尤其是长期陪伴宝宝的妈妈或抚育人要保持耐心，要不厌其烦地告诉宝宝所提问题的答案。

聪明的家长可以就此多提供一些信息给宝宝，比如当宝宝问"草"的时候，你不妨再多给他延伸一点儿，如告诉宝宝："这是草，绿色的草。"所有的事物，如果宝宝明白了一个信息单元，家长都可以再次拓展下一个单位信息组，如此，就可以让宝宝的头脑"吃"到更多的信息。

实际上，给宝宝"喂信息"需要早开始。当宝宝的眼睛盯着某种东西时，家长就需要在不打扰宝宝观察的情况下，用平稳的语调来告诉宝宝所看到的物品是什么。只有经过这样不断地讲，家长才会将更多的信息传输到宝宝的大脑里，宝宝才会渐渐了解这个客观的世界，他的智慧才能得到发展。

要注意的是，家长在给宝宝"喂信息"的时候，要考虑宝宝的信息接收能力，不要一次讲得太多太复杂。如果这样，宝宝也会"消化不良"，或者对他形成"噪声污染"。

矫正爱发脾气的宝宝

临近 3 岁阶段，是宝宝的第一反抗期。此时的他对周围环境充满了强烈的好奇心，希望去探察一切，但爸爸妈妈会因为宝宝还不能圆满地处理问题、怕宝宝出意外而限制宝宝的活动。

此时，宝宝有自己的主张，又不能很好地通过语言来表达，这会使独立个性正在形成、独立需求增加的宝宝大为恼火，往往因情绪激动而大发脾气，甚至动不动打滚撒泼。

那么，面对发脾气的宝宝，我们在这个阶段应该如何对他进行规范和纠正呢？

首先，对宝宝的行为要理解。宝宝发脾气并不说明他"坏"，他正在做着他们这个年龄要做的事。一般这种现象会延续到4~5 岁，以后会慢慢有所调整，家长要尊重和满足宝宝的需要和感受。

其次，要小心地选择不伤害宝宝自尊心的方式来规范和纠正他们的行为。可以使用的方法如下：

1. 适时表达你的爱

这个时候家长一定要冷静，如果你发火会使宝宝更加恼怒，毕竟宝宝的自我控制能力较差。温柔、温和、平静地和宝宝讲话，对他安静下来有好处。靠近宝宝，抱他、亲他，身体上的亲密能达到很好的安慰效果，可以使气氛缓和下来。可以让宝宝坐在你的大腿上，或者亲密地坐在宝宝身边帮他平静下来。当他表现出一点儿控制自己的能力时，你要有针对性地表扬，比如本来他发脾气时要扔东西，这回虽然发了脾气，但没有扔东西，应该及时表扬他。

2. 冷处理

若家长实在感觉烦躁，可以躲到另一个房间里去，要让宝宝明白，叫喊没有用，只有好好说话，你才会注意听。缺少了观众，宝宝的脾气也发不起来了。如果宝宝因为得不到某一样

东西而大发脾气，千万不要为了让他安静而把东西给他。因为他一发脾气就能得到想要的东西，以后就会更加随心所欲地乱发脾气。

3. 转移注意力

不妨说些傻话，做些奇怪的动作，或放点音乐等，这些举动可以吸引宝宝的注意力，使他停止哭闹。也可以忽然提出一个建议，要宝宝与你一块儿去做某件事，他就会忘记发脾气的事。

4. 温柔地隔离

如果宝宝在超市里因为想要得到某种东西而大哭大闹，可以平静地把他带出来或带上车，安静地等他哭过之后，再继续回去把刚才的事做完。不要让宝宝觉得发脾气可以使你受到要挟。如果宝宝在家里发脾气，可以心平气和地把宝宝抱到另外一个房间，告诉他不再哭闹时，就可以回来。

最后，爸爸、妈妈们记住，以下是宝宝发脾气时候切勿做的：

第一，在宝宝发脾气的时候与他理论是没有用处的，他一定听不进去。等事情过去了，他平静下来的时候，再与他谈谈，这样效果会好一些。

第二，在宝宝发脾气时坚持你自己的立场很重要。你必须遵守自己制定的纪律，永远不要说你单纯要吓唬他而实际不会去做的事，例如"如果你再哭，我就把你扔到大街上不要你了！"

合理处理宝宝的打架问题

　　宝宝在 3 岁前会经常和其他小朋友打架，这是这个阶段的宝宝开始进行社交时的常见现象。这个时候的宝宝还不能很好地通过语言表达自己的想法、意图，常常会以动作代替语言，因此很容易发生误会。兰兰的妈妈记得女儿在 2 岁左右时，如果别的小朋友靠近她，或者盯着她手里好吃的东西走过来，她就会举起小拳头打人，一边打一边哭。

　　可以说，基本上这个阶段的小朋友之间发生打架，都是抢人家东西或者东西被人家抢所致。宝宝在 3 岁前，不明道理，有时会用手里拿着的东西打人。在此情况下，大人不能仅仅说"住手"，明智的办法是把他的注意力转移到宝宝感兴趣的对象身上，紧急时候爸爸妈妈要紧紧地抱住宝宝，制止他的攻击行为。

　　此时，拥抱能缓解宝宝的紧张心理，也表明了家长对这个行为的制止。如果宝宝已经打了对方小朋友，要多关注和安慰被打的宝宝，同时注意不要体罚自己的宝宝。因为体罚本身就对宝宝的攻击性行为起了示范作用，从而让宝宝的攻击性行为有所强化。

　　打架看似是小问题，却对宝宝的性格成长影响很大。家长既不愿自己的宝宝当"狼"，也不忍心他当"羊"，失去自我保护能力。但要记住，我们不能简单地以"还手还是不还手"看待此问题，关键在于树立小宝宝自我保护的意识和引导小宝宝自己寻找解决的方式。

　　对于 3 岁以下的宝宝，引导他想出躲避或求助的办法，这样的表现并不总意味着怯弱，有时反而是机智的表现，能保护自己不受伤害。

　　如果宝宝生性胆怯，总受人欺负，与其一味地指责他"你怎么不知道还手"，还不如先让他多和性情相近的宝宝或者年纪小的小朋友玩，先树立自信，再从讲道理解决问题入手，教他学会解决冲突的最佳方法。

告诉宝宝，你希望他在遇到冲突事件时怎样做，比如可以让宝宝对同伴说："我们不要打架，应该轮流玩。"如果宝宝用讲道理的方式对待朋友，爸爸妈妈应给予表扬。久而久之，宝宝就能从中体会到讲道理的分量，也可以品尝到化干戈为玉帛的甜头。

对攻击性较强的宝宝，应注意家长自身的言行是否给宝宝起到了不良的影响，另外不要让宝宝看那些带有暴力情节的影视节目。

其实宝宝攻击他人，是想通过这种方法达到自我表现的目的，这就需要家长好好引导，提高其辨别是非的能力。为此，家长和宝宝可以一起在家饲养狗、猫、金鱼等，从日常生活的小事中，教给宝宝对待弱者的方法。

家长也可利用宝宝模仿能力强的特点，因势利导，让宝宝遵守"不许打人"的行为准则，利用故事、儿歌等多种形式对宝宝进行教育，激发宝宝产生向故事里的人物学习的愿望。

当宝宝与同伴间发生矛盾冲突时，家长不要偏袒自己的宝宝，放手让宝宝学习自己解决问题。如果宝宝犯错，必须要求他道歉。

另外，家长还可以设计出不同的情景，相互扮演不同角色。几次实战下来，让宝宝明白，拳头不是不能用，但绝对不能滥用。

帮助宝宝克服对医院的恐惧

害怕打针、吃药、上医院，这是小宝宝普遍存在的现象。我们也经常看到有些宝宝为了躲避医生、医院，想尽一切办法撒泼耍赖，真是让家长头疼不已。

宝宝生病，就会涉及打针、吃药及上医院的问题，如果不能很好地克服宝宝对医院的恐惧，就可能会耽误宝宝的治疗时间，尤其是患有重病的宝宝，那就更需要有效引导了。

一般而言，宝宝对医院感到恐惧，无外乎四种原因：

1. 环境陌生

宝宝对医院这个陌生的地方感觉害怕，因此会有种本能的自我保护意识。有时，可能在医院里看到其他的宝宝哭，也感染了害怕的情绪。

2. 身体不适

生病本来就已经很不舒服了，到了医院又要让陌生人量体温、听诊或者进行其他检查，在没有心理准备的情况下，很容易产生恐惧感。

3. 痛苦经历

宝宝以前看病，"打针很痛"的印象非常深刻，看到医院不免就记起了以前痛苦的经历。

4. 错误引导

宝宝看完病后，带回家的有些是"苦药"，而父母因为焦虑，每到吃药时，可能一反平日温和的态度，硬逼着他吃药。有时，宝宝不听话时，家长爱用"医院"来恐吓宝宝："再不乖就把你送到医院，让护士阿姨给你打针……"这样一来，还有哪个宝宝肯乖乖地去医院。

针对以上四种原因，想要克服宝宝的"医院恐惧症"，家长可以从以下两个方面做引导。

一是在家中的积极引导。

1. 不要用"医院"恐吓宝宝

家长切不可为了贪图省事而采用"恐吓"这种捷径，当时是解决了问题，但日后就会给你带来新的麻烦。

2. 多和宝宝玩上医院的游戏

如果有专门的医药箱玩具最好，没有玩具也可以，我们可以用手来完成全部看病过程。可以把凉手伸进宝宝的衣服内，假装听诊。玩打针的时候可以告诉宝宝，因为病得很重，所以需要打针，然后用手指扎在宝宝的屁股上，宝宝会感觉非常痒，会很乐意跟你配合玩这个游戏。这样可以让宝宝知道，病到很严重的时候是一定要打针的，宝宝的恐惧感就会减少。

二是在去医院时的有效引导。

1. 与宝宝做好事先沟通

去医院之前可以把将要发生的情况详细地告诉宝宝，例如：我们要在候诊室里坐着等一会儿，你可能要脱衣服，护士阿姨要给你量体温，等等。如果宝宝知道将要发生什么事情，就会有一些心理准备。千万不要骗宝宝，把宝宝诓到医院，那样宝宝就会失去对你的信任，这种后果比生病更可怕。无论是什么事情，只要是宝宝想知道的，一定要如实地告诉宝宝。也就是说，如果宝宝询问是否要去医院或者要打针、吃药，家长一定要如实地告诉他。如果你不确定是否要打针，也要告诉他这要看你病得够不够重。这样既可以建立宝宝对家长的信任，还可以让他感觉不那么突然。再加上家长的耐心说服，宝宝会感到有坚强的后盾。

2. 尽可能转移宝宝的注意力

家长可以让宝宝带上最喜欢的玩具或书籍，还可以为宝宝准备果汁、水等安抚情绪的食物。到了医院，可以让宝宝先玩一会儿，缓解宝宝的紧张情绪，不要硬生生地让宝宝等着看病。

3. 最好是熟悉的医生

有条件的话，尽量选择同一个医生给宝宝看病。对于熟悉的医生，宝宝会容易放下戒备心理。

需要注意的是，有些宝宝即便是做过上述的训练，在打针的时候还是会哭，因为打针确实疼。所以，只要宝宝不是一直哭闹，我们就多包容宝宝，允许他哭一会儿，撒一会儿娇。

事实上，宝宝对打针这种疼痛是可以忍受的，关键是看他以何种心态来面对。只要我们平时注重在游戏中有目的地对宝宝进行训练，宝宝是可以变得勇敢、坚强的。

切勿在宝宝哭闹时责备宝宝，甚至打宝宝，因为宝宝的自尊心是很强的，家长的粗鲁不仅会伤害宝宝的自尊心，还会造成宝宝产生更强烈的反抗。

教宝宝识别和管理情绪

情绪管理是培养情商的一项重要内容，而处于叛逆期的小宝贝难免经常性产生不良情绪，这就需要家长教会宝宝正确地进行情绪疏导。这里，有四个要点需要我们做好把控：

1. 教宝宝识别自己和家长的情绪

对于 3 岁以下的宝宝来说，他们对这些情绪还缺少认知，因此家长首先要帮助宝宝对情绪进行识别。比如当宝宝愤怒的时候，要平静地告诉宝宝："你生气啦？""你这个样子是生气，不过生气是每个人都有的情绪。"要在语言上和行为上接纳宝宝的负面情绪，同时让他认识到自己的情绪名称。

当家长自己出现负面情绪时，也可以适时告诉宝宝，如："妈妈现在有点紧张，心跳得很快。""妈妈现在有点烦，不过和你没关系，我想一个人待会儿，好吗？"让宝宝明白，人都有各种情绪存在，不论是大人还是小孩。但家长在有负面情绪的时候要告诉宝宝这与宝宝没关系，以免宝宝对妈妈的情绪产生内疚心理。

2. 教宝宝表达自己的感觉

平时家长可以经常问宝宝："你感觉怎么样？""什么事情让你这么生气？"有一次，心心妈妈正在洗衣服，3岁多的女儿走过来对她说："妈妈，我一个人玩有点无聊。"心心妈妈为宝宝能说出"无聊"这样的词感到惊诧，同时为宝宝能表达自己的感受而感到高兴。

3. 教会宝宝处理自己的负面情绪

告诉宝宝，如果自己生气了，可以用语言告诉妈妈或者其他人，也可以告诉自己的玩具，总之要将自己心里的不愉快说出来；可以做一些自己喜欢做的事情来转移自己的注意力，如可以看动画片；可以找东西来宣泄，比如用棍子打一棵树，用拳头捶打毛绒玩具等，但是不能攻击人；可以选择具有创作性的发泄情感的方式，比如进行一些艺术创作或表演，通过画画，在玩具乐器上弹奏一首很生气的歌，跳一个很生气的舞等，把自己的愤怒表达出来。

4. 不要否定宝宝的情绪

宝宝想哭的时候，不要制止宝宝。宝宝哭闹发脾气的时候，家长不要为了制止宝宝而去批评或威胁宝宝，更不能离开宝宝。有的宝宝哭的时候，家长会说："哭！看你就会哭！你在这哭吧，我走了！"宝宝哭的时候已经很伤心了，这个时候，如果家长批评他甚至要离开他，会让宝宝的内心更加伤心无助。其实，让宝宝哭出来，对化解宝宝的情绪非常有帮助。

面对2~3岁宝宝情绪波动期的无理取闹和火暴脾气，家长一定要多理解他们，并趁这个机会教给他们调节情绪的方法。

拥有良好情绪、健康心态的宝宝，在将来的生活中更容易获得幸福和成功。因此，这个时间段对情绪管理的教育显得更重要，我们一定要格外重视。

包容宝宝对"秩序感"的偏执

很多家长发现，2~3岁阶段的宝宝越来越固执，凡事都希望按照自己的意愿和方式进行，有时甚至达到近乎偏执的程度。

宝宝坚持每样东西必须归其"主人"所有，他人不得动用，也不愿分享自己的物品，表现出很"自私"的样子；家里其他人的物品也不能随意交换使用。妈妈的毛巾爸爸是不可以使用的，理由很简单："那是妈妈的！"如果爸爸用了一下，宝宝就会很生气地阻止。

宝宝坚持拿到手里的食物或者其他物品必须是完整的，比如，妈妈没有征求宝宝同意就在苹果上咬了一口，然后再给宝宝吃，他就会非常生气，要妈妈把吃进去的苹果吐出来。如果衣服上有一个小洞，他就拒绝再穿，一定要换新的。

宝宝坚持每个举动必须按照一定的程序，或者是自己的设计来完成。如果父母忽略了他的要求，或者没有准确理解他的意图而导致事件过程出现偏差，他会固执地要求"重新来一遍。"比如，如果你没经过他的同意就擅自帮他系扣子，他会把你系好的扣子全部解开，之后自己再一个个系好。吃饭的时候，谁如果经常坐一个座位，而这一次没有坐在这里，他就会要求必须回到那个座位上去，连叠被子的方法、枕头放置的位置都要符合平常的样子。

宝宝这种看似无理、自私的举动让很多家长困惑不解，甚至觉得这是宝宝故意找碴，太过矫情，难免有时还会为此打骂宝宝。如果这样做，那可就冤枉宝宝了，这是这个阶段宝宝的常见现象。实际上，在每个宝宝的大脑思维里，都有与生俱来的强烈的秩序感，正是这样一种秩序感，使得他能产生愉快、兴奋、舒服的感觉。

进一步来说，这种秩序感，源自宝宝对环境的控制欲望，是儿童安全感的来源之一。只有周围的事物保持一种秩序状态，宝宝才会感觉安全。如果有变动，出于对未知的恐惧，宝宝就会害怕。因此，只有一遍遍地重复原有的秩序，不断地巩固安全感，直到宝宝把握了秩序的恒定规律，宝宝才会知道一定范围内的变化不会产生什么可怕的后果，之后才能进一步成长。

这种对秩序感的迷恋也是宝宝产生道德感的基础。当一个小宝宝因为被子没有被抻平、苹果被吃了一口而生气发怒时，那是他感觉整齐的、完整的才是"对"的，而凌乱的、残缺的是"错"的。于是，他对事物有了"对"和"错"之分，行为自然也有"好"和"坏"、"正"和"误"之分。这时候，他开始意识到什么是"标准""正当"的，开始把自己的行为和产生的后果联系到一起来思考。这对家长来说，也是一个进行教育的契机。

如果家长此时不了解宝宝秩序感敏感期的特殊心理和行为，批评、斥责甚至镇压宝宝的情绪反应，就会逐渐破坏宝宝的秩序感，阻挠宝宝对标准和完美的追求，也扼杀了他们自律的萌芽，导致宝宝将来在遵守规则和发展道德感方面出现障碍与问题。

因此，我们应该理解并尊重儿童秩序感敏感期的特殊要求，不强求宝宝分享他们自己的物品，保护好宝宝的物权意识。如果宝宝因为秩序感破坏而要求重复，也要不厌其烦地等待，否则你可能要花费更多的时间来平复他的情绪。

我们也可以趁机引导宝宝把这个"秩序感"向健康的方向发展。当宝宝出现这个"秩序感"问题的时候不应该"怪他、哄他、干扰他",而是应该积极地引领他、开导他、点化他。

秩序一旦形成,会转化为品质体现在生活的各个方面,这就是素质。秩序养成习惯,习惯成自然,自然成人格,所以我们一定要理解和尊重宝宝对秩序感的偏执,并做好这方面的培育。

爱"动"手的宝宝更聪明

2~3 岁的宝宝已经有了自己的意识,随着思维和动作的发展,产生了"自己动手"的愿望,这时候父母最好给他们更多实践的机会。俗话说"心灵手巧",手指的运动对开发宝宝的智力有重要作用。

日本某医学博士对手与脑的关系做了多年研究之后指出:"如果想培养出头脑聪明的宝宝,那就必须经常使他锻炼手指的灵活能力,因为手指的活动可以极大地刺激大脑皮层中的手指运动中枢,继而促进全部智能的提高。"

道理虽如此,但在日常生活中,我们经常看到有些妈妈过于疼爱宝宝,连穿衣服、系纽扣、解鞋带都不让宝宝去做,甚至还给年龄较大的宝宝喂饭，其实，这都是极其错误的做法。要知道，人脑中与手指相关联的神经所占面积比较大，平时经常刺激这部分神经细胞，大脑就会日益发达。

因此，妈妈们平时就应该让宝宝学习做各种力所能及的事情，如穿衣服、叠衣服、洗袜子、饭前餐具摆放、饭后帮助收拾碗筷、整理玩具等。这对宝宝来说，既培养了他的劳动习惯，又促进了智力尽早、尽快发育，可谓一举两得。

也可以借助一些简单的工具和游戏来帮助宝宝的小手"动"起来，提升其手指的灵巧程度。

平时在家里可以和宝宝玩撕纸的游戏，买一些五颜六色的纸，让宝宝自由地撕成条、块，并可以根据撕出的形状，想象它是面条、饼干、小汽车、手表等。这种游戏不仅锻炼了宝宝的小手，还进一步拓展了宝宝的想象力。

还可以玩穿珠子、纽扣的游戏，让宝宝用线、塑料绳把各种色彩、形状的珠子、纽扣穿起来。随着宝宝动作的熟练和精细化，珠子和纽扣的洞眼可以逐渐变小，绳子逐渐变细、变软。

用手捡球也是一个锻炼宝宝手指灵活性的有趣游戏。让宝宝用手把碗里的玻璃珠、乒乓球一个个捡到另一个容器里。锻炼一段时间后，可以换成颗粒更小的糖果或黄豆、花生米等。

平时可以在家里给宝宝准备一把幼儿专用的圆头的安全小剪刀，让他们学习如何剪纸，之后把剪下来的部分粘贴起来，做成各种造型，让宝宝在小手的锻炼中获得成就感。

宝宝上了幼儿园后，会学习歌舞和手工，家长可以辅助老师进一步对宝宝进行训练，在宝宝唱歌时，鼓励宝宝用小手比画出各种动作，把内容表演出来。

宝宝的语言训练方法

细心的家长会注意到，处于 1~1.5 岁阶段的宝宝能够听得懂很多家长的话，只是不会准确地回复，所以手在不停地比画，嘴里还念念有词地表达，家长干着急也听不太懂。这是因为此阶段的宝宝大脑里已经存储了很多词语和短句，并且也明白具体所表达的意思，只是迫于发音器官尚未成熟而无法准确地表达明白而已。

此时，家长可以多教宝宝说字和词，让他学会用字或词来表达自己的要求。如宝宝用手指门，可能是想出去玩，这时候妈妈可以对宝宝说："宝宝，你想出去玩是吗？以后要和妈妈说'玩、玩'。"

在初期，可以将一些单音节叠字教给宝宝说，如"猫猫、狗狗、蛋蛋"等，以便宝宝进行模仿，促使他尽早说话，但以后就不要用这种"儿语"了。另外，要坚持在这个阶段多用词或简单句子与宝宝交流，这有利于宝宝快一点儿说话，如"妈妈抱""宝宝吃"等。

当宝宝长到 2~3 岁，他已经进入了语言复合句阶段，到了逐步学会说复合句的时候，可以在家长的强化作用下，让宝宝基本掌握主谓宾结构的句式。如宝宝会说"我要吃这个，妈妈吃那个"，"我先吃饭，再出去玩"等；还会用语言表达眼前不存在的事情，如会说："爸爸上班还没回来。"这时候宝宝的语言已经脱离具体的环境，从具体形象的语言内容向抽象逻辑的语言内容发展，表明宝宝已经开始进行语言思维了；他们还学会了用语言来描述人和物的关系，如"这是我的玩具，这是你的玩具"，"这是我的，不给你"等；学会了用语言来评价人和事，如看到别的小朋友哭闹，他会说"那个宝宝不乖，不是好宝宝"等。

2~3 岁阶段宝宝的语言能力会飞跃式发展，家长要把握住这个时机对宝宝进行良好的语言训练。具体可以参考以下六种方法：

1. 教宝宝进行语言复述

复述的语言从短到长，不一定要求宝宝复述完整，主要是激发他说话的兴趣。妈妈可以小声地对宝宝说："今天我们吃完饭后一起去公园玩。"叫他将这话传给爸爸，让宝宝在游戏中练习语言。

2. 在具体情境下对宝宝提问

带宝宝外出时，可以就眼前的情境对宝宝进行提问，如："你认为这些人中，谁的衣服最漂亮？""这是什么颜色的花？""今天的月亮像什么呢？"等，宝宝亲眼看到这些场景问题，会很喜欢回答。这在无形之中锻炼了他的思考能力和语言能力。

3.培养宝宝的时间概念

首先要结合宝宝的实际生活的经历，如告诉宝宝：闹钟叫我们起床的时候是"早上"，午饭和晚饭之间的时间叫"下午"，天黑了要睡觉了，这个时候是"晚上"。等宝宝慢慢地领悟了这些概念，就可以问宝宝："吃完午餐后你睡觉了，这个时间是上午还是下午？""现在这个时间是早上还是晚上？"

4.结合实景，教宝宝背诵儿歌

教宝宝背诵儿歌时，如果能与看到的实景联系起来学和背就更好了。如背诵"一条鱼，水里游，孤孤单单在发愁。两条鱼，水里游，摇摇尾巴点点头。三条鱼，水里游，快快乐乐做朋友"的儿歌，若家里在养着小金鱼，就可以诱导宝宝一边看鱼一边背这个儿歌，这样背诵的儿歌更有意境。

5.鼓励宝宝复述故事中的情节

3岁左右大的宝宝都喜欢听故事，可以引导宝宝简单地复述故事中的部分或者全部情节，只要宝宝能说出个大概，哪怕是几句话都要热情鼓励和称赞。刚开始宝宝会很吃力，家长可以根据故事情节用提问的方式加以引导。如《小马过河》的故事，可以这样引导："有一天，谁和谁要去很远的地方啊？"引导宝宝说出："有一天，小马和妈妈要去很远的地方"的话，妈妈接着可以边听边附和着问："后来呢……嗯！后来发生什么事情了呢？"直到宝宝讲完。

6. 教宝宝说一些简单的复合句

在宝宝能够说出完整简单句的基础上，可以教他说由两个简单句或三个简单句组成的复合句。如"我先亲爷爷一下，再去亲奶奶一下""太阳都照屁股了，大家都该起床了""我喜欢粉色，也喜欢绿色，还喜欢黄色"等，鼓励宝宝说得越多越好。

总之，利用与宝宝的最佳亲密关系期，多多想办法进行宝宝的语言训练吧。

引导爱涂鸦的宝宝画画

快到3岁的宝宝开始喜欢拿着彩笔四处涂鸦，家中的墙壁上、沙发上、地板上，包括自己的衣服上，几乎各处都能看到他的即兴之作。家长有点为难，送他去绘画班，那肯定坐不住，但是自己教吧，又不懂画法。

实际上，要教这么大的孩子画画，我们只需要明确以下两个问题就可以了。

首先，明确教宝宝画画的指导思想。

我们教宝宝画画不是一定要把他培养成小画家，而是为了更好地锻炼宝宝的想象力、创造力，培养宝宝的专注力，从而激发宝宝的画画兴趣。千万不要带着急功近利的想法和目的，如此，家长就能以轻松的心态教宝宝画画了，这样对宝宝来讲，也更轻松、愉快。

其次，明确宝宝画画的标准。

很多家长以画得像不像作为标准，如果不像就要求宝宝改正，甚至自己动手为宝宝修改。这样做等于把家长自己的意志强加到了宝宝身上，忽略了宝宝的想象力和创造力的发展。我们要记住，宝宝画画的标准不是看他画得像不像，而是是否呈现了他的个人意愿、想法和生活经验。

以上两个问题明确后，我们就可以对宝宝进行绘画启蒙了。

首先，对宝宝的"涂鸦"积极鼓励。

涂鸦看起来好像没有达到绘画的直接目的，但对这个阶段的宝宝来说，正处于生长发育的早期阶段，手指小肌肉的协调能力不足，大脑皮层的控制能力也较弱，因此无法画得有模有样。同时，这个阶段的宝宝想象力丰富，迫切需要表达，而涂鸦正是他最为直接的表达方式之一。

所以，如果我们发现宝宝随手画了一个圆圈，要这样引导自己的宝宝："宝宝，你画的是什么呀？"宝宝可能会回答说"鸡蛋""苹果""太阳"等。不管回答什么，我们都要表示赞同，随即在这幅画的下面写出宝宝对这幅画的命名，并当着宝宝的面给画做些适当的小范围补充，使之看上去更像一幅好作品。如此，宝宝的画画兴趣就会更浓，自信心与目的性也都会增强。

其次，在宝宝涂鸦基础上，引导他画出更为形象逼真的画。

如果宝宝画了一个圆，之后在这个圆的下边又画了一个圆，家长就可以问宝宝画的是什么，宝宝可能会说"熊猫"，那家长就可以顺势说："哦，真像熊猫啊，熊猫除了有个胖乎乎的身体外，还有什么呢？"宝宝可能继续说："有耳朵，有眼睛。""宝宝真聪明，来把眼睛和耳朵画上去吧！"……"宝宝画的熊猫可太棒了！你知道熊猫喜欢吃什么吗？""喜欢吃竹叶。""那再画几片竹叶给熊猫吃吧。"

最后，在引导宝宝给画好的画起个名字。

如《大熊猫吃竹叶》或其他名字，最后写上画画的人名和日期，并帮助宝宝保存起来。家里来客人的时候，可以给客人看看宝宝的杰作，这样可以进一步地强化宝宝的成就感和对画画的兴趣。

提到画画，宝宝在这个阶段很容易因为画画而把房间弄脏，这大大加重了家长尤其是妈妈的家务工作量，究竟怎么样才能让宝宝画画时不弄脏房间各处呢？

1. 与宝宝做好事先沟通

可以带宝宝仔细参观一下家里的各种摆设，与宝宝事先沟通什么地方能画，什么地方不能画。请宝宝在能画的地方贴上笑脸的粘纸，在不能画的地方贴上哭脸的粘纸。例如瓷砖处——贴上笑脸，家电、家具处——贴上哭脸。注意标志要醒目，要贴在与宝宝的身高相当的地方。

2. 与宝宝共同补救

一旦发现宝宝乱涂乱画，最好的办法是领着宝宝对比脏和干净的墙面，让宝宝和父母一起擦拭被弄脏的地方，使他意识到被涂脏的墙壁门窗想再恢复原样是多么困难。为了达到强化效果，家长可将这种乱涂的危害性稍微放大，让宝宝彻底地改掉乱涂乱画的习惯。

3. 用贴纸保护墙面

在墙壁上贴上大纸，宝宝就可以在上面随便画，家长也可以在上面慢慢引导宝宝学习绘画。这样既能保持墙面清洁，又为宝宝涂鸦提供便利。

需要提醒的是，宝宝的涂鸦要在父母的陪伴下进行，要注意安全，提醒宝宝不要将颜料和笔放到嘴里。

让宝宝进行识字训练

3岁左右的宝宝，他的大脑皮质细胞机能的分化基本完成，这意味着此阶段越能较早地令大脑接受丰富的信息刺激，大脑网络就越完善，脑功能就越发达。因此，家长及时让宝宝进行识字训练，会使他迅速积累词汇量，从而激活语言的潜能。

一般来讲，0.5~1.5岁是宝宝的识字准备阶段。

此阶段宝宝还不会说话，主要是让他来认识物品，为识字做准备。可以给宝宝随机指点物品名称、讲简单故事、念连环画，来刺激他的识字兴趣和识字敏感度。这个阶段以指认字为主，可以反复告诉宝宝某字的名称，之后再让他去找。

1.5~2岁是宝宝的缓慢识字阶段。

这时候教宝宝识字主要利用阅读识字、游戏识字等方式。如果教导得当，这个时期的宝宝能认识很多字，但一定要坚持以识字乐趣为主，不要强迫宝宝去识字，也不要将识字作为早教的重点内容。

2~4岁是宝宝的快速识字阶段。

这时候的宝宝已经认识了许多的事物，生活经历也丰富了很多，识字处于快速增长阶段。这个时候利用游戏识字、生活识字和阅读识字会取得很好的效果。

针对这个阶段的宝宝，可以从以下四个方面着手，教宝宝快速识字。

1. 从日常生活中最常见的字和词开始认读

这个阶段的宝宝学习认字，通常是把整个字当作一幅图画来认识的，脑子里一开始是对字的整体形象进行表象记忆，而不是按照逐笔逐画来看的。因此，识字速度快与慢，是由这个字义对宝宝来说是否常见、是否感兴趣决定的。

因此，日常生活用品、动物、植物、食品、水果、蔬菜，以及自然现象等有关的字和词较为常见，能够很快引起宝宝为兴趣，吸收效果也明显。

这样学习到一定程度，还可以适当地归类，如按照同一属性规律，或者按照同义词、反义词来归类，便于宝宝更好地将这些字联系起来，形成一个记忆的网络。

2. 将识字与阅读结合进行

教宝宝识字的目的是培养他未来的阅读习惯，但这并不是要等到宝宝认识了很多字之后再去阅读，两者完全可以同时进行。

为此，家长可以找一些字体大、趣味性强的儿歌和故事书，要求宝宝一边朗读一边用手去指字，这样使宝宝的眼、手、口都集中到每一个字上，反复朗读。慢慢地，宝宝读得多了也就自然而然地认识了字和词。

平时在朗读完后，家长可以提出文中的某个生字和生词，让宝宝单独认读，还可以拿生字表让宝宝来指认刚刚学会的字，这样便于宝宝加深印象。但注意不要让宝宝一次学得太多，以免负担过重而降低宝宝的学习兴趣。

3. 在游戏中教宝宝识字

为了避免学习的枯燥，家长一定要掌握一些利用游戏来识字的方法，让宝宝快乐学习。家长可以因地制宜地自己创造适合玩的游戏，如可以把字和词制成卡片当牌玩，一边出牌一边教宝宝认字；也可以将要学习的字和词贴在墙上，玩手电筒照字的游戏，让宝宝边照射边认读；为了激发宝宝学字的热情，家长可以故意读错宝宝比较熟悉的字，让他发现；还可以玩打电话来找字的游戏，培养宝宝接听电话的礼仪，同时可以说"我找某某字呀"，让宝宝在一堆字词的卡片里找这个字……这样的游戏有很多，家长可以自由开发。

4. 谨记识字教学中的几个要点

在教宝宝识字的时候，家长还要注意：可以将生字熟字混合来教，能起到"以老带新"的作用；可以将字和词结合起来同步教，尤其是那些单个不能表达一个完整意思的字，则更要结合词来教，对于意思比较独立、清楚的字可以单个教；不要在教宝宝学习汉字的时候同时学习汉语拼音，因为这个阶段的宝宝是通过"印象记忆"来识字的，拼音会让宝宝感到枯燥无味，再加上宝宝这时候的发音器官正在发育中，读准拼音也很难；在2岁之前，宝宝的注意力不超过3分钟，3~4岁不超过8分钟，因此，不要指望宝宝能有多大的耐心去学习识字；最后要在宝宝识字游戏玩得最开心的时候结束，让他保持学习的"饥饿感"。

带孩子走进"数学乐园"

教宝宝画画、识字，可以有相应的实物与之对应，操作起来相对容易，但数学启蒙则因为是较为抽象的概念，因此让爸爸妈妈们有些头疼。

其实，日常生活中随时随地都能碰到"数学"，做父母的只要细心、耐心、热心，就会使宝宝在不知不觉中愉快地走进"数学乐园"。

1. 帮助宝宝认识数字

家长可以利用数字卡片和宝宝玩认数字、找数字的游戏。如果宝宝都不认识也无妨，你可以先举起一张数字卡，然后要他找出和你相同的数字，先教会宝宝认识数字的"长相"，再慢慢地教他了解每个数字所代表的意义。

2. 帮助宝宝建立 1 到 10 的数字概念

对于 3 岁内的宝宝来说，只掌握 1 到 10 的数字概念即可。在教导宝宝基本数学概念时，可利用身边的各种事物来进行，如平时边走路就可以边问宝宝："你看这些树有几棵呢？"吃饭的时候也可以问宝宝："桌子上有几个碗？"对于宝宝感兴趣的东西，都可以让他来数一数。

要注意的是，数字概念建立起来以后，还不能教宝宝直接去做加减计算，必须先学习数的分解与合成，如，4可以分成1和3、2和2、3和1等。掌握了数的分解与合成，那么学习10以内的简单加减计算就容易多了。但让宝宝掌握合成与分解是个难点，家长要有耐心。

3. 帮助宝宝建立几何概念

积木玩具较为普及，它是帮宝宝认识几何图形的最佳教材。如：两个三角形并成一个正方形，一个圆形拆成两个半圆形，切割、合成的立体实例，让宝宝了解几何图形的形成、变化情形。在宝宝反复堆叠的游戏过程中，使他对圆形留下深刻的印象，为日后建立"透视"的理念打下基础。

4. 帮助宝宝建立立体概念

一些柔软度高的橡皮泥、陶土、面团、水饺皮等，可搓可揉，可任由宝宝拿捏成形，无论是方、圆、长形，可变性大，而且可以做成立体形状。还可以塑胶刀进行切割，能帮助宝宝建立等分概念。

5. 帮助宝宝认识容量概念

宝宝喝水的水杯或者一些止咳糖浆的瓶子上，一般都有刻度，可以利用这些物品对宝宝进行容量概念的训练。宝宝一般都爱玩水，可以让他用这样的容器盛水、舀水，或者在往带有刻度的杯子里倒饮料、果汁的时候，让宝宝注意这些行为中的容器、容量的不同。

6. 帮助宝宝建立分类概念

分类是逻辑推理的一个基本概念。教导宝宝分类时，可以利用日常的生活物品来进行。如将晾干的衣服收下来后，可以让宝宝把自己的衣服、妈妈的衣服和爸爸的衣服分别拣出来，并尝试叠好自己的小衣服。平时把玩具摆在地上，可以与宝宝玩"玩具回家"的游戏，将各种玩具送回自己相应的"家"里，宝宝在玩的时候，就会在头脑中建立起分类的概念。

充分激发宝宝的想象力

有的家长看见宝宝画了一个黑色的太阳，马上过去纠正他说，这样不对，太阳是红色的；有的宝宝画了一朵有着七种颜色的花，家长也马上告诉他说，这样不对，世界上没有这样的花……如果你也是这样的家长，想一想，你知道自己在做什么吗？你正在直接扼杀宝宝的想象力！

想象力有多重要？如果你的孩子有很多知识，但却不能把知识灵活运用，不能关联想象地举一反三、触类旁通，那他仅能再现过去曾感知过的原本形象而已。俄国教育家乌申斯基说："强烈的、活跃的想象是伟大智慧不可缺少的属性。"所以，从小激发宝宝的好奇心，鼓励宝宝多问几个为什么，由此引发宝宝强烈的思维活动，使他的想象力处于活跃状态，这是我们每个家长的首要任务。

对于3岁之前的宝宝来说，家长的重要的工作就是给他的头脑里输入景象、声音、气味和感觉等信息。只有当宝宝头脑里有了多种多样的信息，他才能将各种信息连接到一起而产生想象力。试想，如果宝宝大脑里没有任何大象的概念，他怎么能想象出一头大象呢？

以下是激发宝宝的想象力的一些可利用方法，推荐爸爸妈妈们学习一下。

1. 通过讲故事增强宝宝想象力

我们给宝宝讲故事的时候，不要急于讲完，可以让宝宝尝试给故事编个结尾，当然结尾要符合故事情节的发展；还可以让宝宝给故事命题，想得越多越好；当故事讲到高潮时，故意中断故事，制造悬念，让宝宝猜猜后面会发生什么；还可以根据一幅画，一段生活经历，引导宝宝编成故事讲出来。

可以选择在睡觉前锻炼宝宝这方面的能力，鼓励宝宝讲一讲"今天发生的故事"，讲什么都行，添枝加叶的也可以，除了刺激他的想象力，还能加强他的记忆力和概括能力。

2. 通过观察图形让宝宝进行想象

让宝宝观察一个简单的图形，如一个圆形，让宝宝想象它像什么，鼓励宝宝想得越多越好，如太阳、苹果、脸蛋、眼睛、球等。

3. 利用物品的用途来延伸想象

　　看到生活中的一些物品，就让宝宝说出它的用途。如吃饭时候看到碗，就可以问宝宝："碗都有些什么用途？"宝宝会马上回答："可以用来盛饭。"此时可以加以引导："宝宝真聪明，能想到这样，再来想一想还有什么作用呢？"宝宝想得越多越好，如可以用来装玩具，是玩具的家；还可以当鱼缸，让小鱼在里面游泳；还可以扣在头上，当作帽子，等等，这些都是具有发散性、创造性的答案。

4. 遇到生活问题时，引导宝宝寻找多种解决方法

如果生活中遇到了什么事情，我们要忍住帮宝宝解决的"好心"，鼓励宝宝自己想办法来解决，并且引导他想出多种解决问题的方法。平时与宝宝玩游戏的时候，就可以问他："假如在超市里和妈妈走散了，你怎么做才能找回家呢？"这样不仅可以预防宝宝万一出现此类事情手足无措，也能锻炼宝宝的思维能力。如果宝宝回答不出，你可以慢慢地引导："你可以找服务台阿姨广播找妈妈；还可以请人帮忙打爸爸妈妈电话，爸爸妈妈的手机号码是多少来着……"

5. 在角色扮演中发挥想象力

无论是家长还是宝宝，当一个新的情节或故事被设计出来时，都可以让宝宝进行角色扮演。这不仅会发挥宝宝强大的想象力，而且还能锻炼宝宝与人交往的能力和语言技巧。

现在，我们重新思考前文那个问题，当你的宝宝画出一个黑色的太阳或者是七种颜色的花时，你会怎么做？

如果你不去人为制止，你可能会听到宝宝诸如"黑色的太阳是因为太阳戴了墨镜啊"之类的充满想象力的诠释，这是多么棒的一件事啊！

因此，请不要过于关注宝宝给出的答案或结果是否正确，而是要关注他发现创意的过程，并对所给出的答案或诠释加以赞赏和肯定。

第三章

3~6 岁，性格形成的关键期：
保持科学而恰当的亲密关系

　　3~6 岁，孩子的性格将在这个阶段基本定型，因此家长对孩子性格的养成意义深远。这个阶段的孩子既是不断成长、谋求独立的"小大人"，又对父母尤其对母亲存在较强的依恋。因此，此阶段，与孩子保持科学而恰当的亲密关系尤为重要。

幼儿园全托可能伤害孩子的内心

跃然妈妈和爸爸开了一家公司，因为实在太忙，他们打算把4岁的儿子送到一家全托幼儿园，觉得这样可能还会锻炼孩子的独立能力，每到周五晚上一家人再团聚，不会有什么问题。

结果，第一个周五的晚上，跃然看到幼儿园门口来接自己的妈妈，便扑上去号啕大哭，并手脚并用地打妈妈，看来，小家伙心中的怨恨积累得很多。跃然妈被打得有点愤怒了，觉得孩子有点过分。

周一早上，当爸爸妈妈准备再次将跃然送到幼儿园的时候，跃然死死抓住妈妈的腿，说什么也不肯进校门。当妈妈狠心将他的手掰开送到老师怀里的时候，跃然竟然说了一句令妈妈震惊不已的话："妈妈，你还要我吗？"

跃然妈顿时明白过来，原来，她长时间把儿子放在幼儿园里，儿子以为妈妈抛弃了他。这一顿悟让跃然妈立刻做了一个决定，放弃了让孩子上全托幼儿园，转到家附近的日托幼儿园，自己则减少了工作量，用更多的时间来陪孩子。

　　像跃然妈妈这样，因为工作忙而选择把孩子送到全托幼儿园的家长不在少数，认为努力工作也是为了给孩子一个更好的将来，是为了让孩子更好。但是，到底怎么样才是为了孩子好呢？孩子需要的最重要的东西是什么呢？是妈妈用辛苦忙碌赚来的钱买来的高级玩具、锦衣玉食，还是妈妈温暖的怀抱和亲切的爱抚呢？

　　3~6岁的孩子还处于依恋敏感期，这种依恋对象通常是妈妈。没有经历温暖和依恋的孩子，长大后难以形成与他人健康的亲密关系。这个时期妈妈的爱对于孩子的心理健康来说，就像维生素对于身体的健康一样重要。

明天幼儿园

如果家长这个时候选择全托幼儿园，孩子长时间看不到自己最亲近的人，即便是幼儿园老师对孩子体贴入微，也无法像家长一样对孩子投入那么多的关注，更不要奢望有亲密的身体接触了。孩子缺少维生素会影响身体发育，缺少母爱同样也会影响孩子的心理成长。

心理学大师约翰·包尔比认为，孩子如果过早离开父母独立，对孩子心灵损害的程度，等同于成年人失去亲人时所经历的痛苦。他们感觉自己被父母所抛弃，或者一定是自己做错了什么事情而受到了这样的惩罚，从而沉浸在极度的自卑中，就像跃然那样，觉得妈妈爸爸不喜欢自己、不要自己了。这样自我价值感的不足，在孩子以后的人生中，即便他加倍努力也未必能弥补。

妈妈为了工作而放弃陪伴幼小的孩子，这只会给孩子一个暗示：工作比我更重要。这会让孩子觉得自己没有什么价值，由此缺乏自信心和安全感。妈妈的确事业有成，却以牺牲孩子为前提，即便是孩子将来享受着你工作带来的锦衣玉食，他内心已经产生的卑微感却很难祛除，或者将来孩子也会成为一个只懂得追求物质的人。那么他内心充斥的更多是无尽的欲望，而难以让幸福容身。

相对于物质的优越，妈妈的爱和陪伴才是孩子更需要的。如果不是到了万不得已，必须出来工作才能解决基本生活饮食问题的地步，家长尤其是妈妈，不妨适当将工作量降低一些或者更加灵活一些，抽更多的时间与孩子在一起，这是妈妈在孩子年幼时有必要做出的选择。

爱嫉妒的孩子更渴望爱

东东妈晚上带着小儿子北北，接大儿子东东放学，结果幼儿园老师向她反映了一件事，今天图画课的时候，老师表扬了画得很好的雨点儿小朋友，并且奖给了雨点儿一朵小红花。结果在图画课快结束的时候，东东走到雨点儿的旁边，用自己的彩笔在雨点儿画好的画上乱画了几笔，将雨点儿的画弄得一团糟，雨点儿哭了起来。老师把东东叫到一边问他为什么这样做，东东说："我就不喜欢她画得比我好！"老师还提到东东在幼儿园不像过去那样活泼了，如果老师表扬了哪个小朋友，他会表现出不高兴，做游戏的时候也不爱和这个小朋友玩。

听了老师的话，东东妈忽然想起东东在家里也经常和弟弟比，并且也有这种嫉妒的情绪。前几天自己给北北买了一件衣服，东东看到了也嚷着要件新的。因为东东不缺衣服，妈妈就没有答应给他买，结果晚上的时候，妈妈看到北北的新衣服被剪了一个口子。

东东妈反思着自己在小儿子出生后对东东的忽视，意识到自己在教育上出现了问题。自从小儿子出生后，她一门心思放在小儿子的身上，而忽略了东东的感受。而每次两个儿子争执吵闹的时候，自己无一例外都是批评东东，要他有个哥哥的样子，要让着弟弟。如今东东在家里既不爱和妈妈说话也不愿意和弟弟玩……

东东这样的表现，隐藏着明显的嫉妒信息。他觉得妈妈生了北北之后，变得不再像以前一样爱自己了，总忽略自己。由于被忽视，东东的心理处于紧张而敏感的状态，同时也会对剥夺爱的"对手"——弟弟产生敌对情绪。在幼儿园里的表现，也是家庭中情景的外化表现，东东用损害雨点儿的画的手段引起老师的关注，剪坏弟弟的新衣服引起妈妈的关注，这背后都深藏着一个渴望，那就是需要被爱。这种需要没有得到满足，孩子的性格就发生了扭曲，形成了嫉妒。

妈妈是孩子幼时最依赖的对象，妈妈的举止在孩子那里最有说服力。东东妈妈凡事不分青红皂白先训斥东东一顿，凡事都要让东东做出忍让，而忘记了不论多大的孩子同样需要妈妈的爱和理解，更不要说东东只有四岁。

如果得不到家人的关爱，孩子就会处于悲伤、无奈、紧张、害怕的心理状态，整日生活在一种提心吊胆、痛苦无奈的压抑情绪中。压抑情绪遇到不开心的事情就很容易变成攻击行为。由于攻击行为的出现，又会造成孩子和伙伴之间的紧张，人际关系不和谐，孤独、不合群，这又继而使自卑和焦虑心理加重，最后会形成恶性循环。由此来说，给孩子充足的爱和安全感是避免孩子产生嫉妒之火的一个重要条件。

　　另外，无法拥有小伙伴拥有的东西，也很容易让孩子由羡慕转化为嫉妒，这也是让孩子产生嫉妒的一个原因。

　　要平息孩子的嫉妒之火，避免孩子形成不良的性格，妈妈可以试着从以下三个方面入手来帮助那些嫉妒心过重的孩子：

1. 不与别人家孩子做比较

很多家长为了刺激孩子的进步，习惯说："你看人家某某，画的画就比你好多了！""你看人家某某，就是乖，哪像你这么调皮！"家长这样刺激的结果很容易让孩子将敌对情绪针对那个受表扬的孩子，甚至不惜放弃和这个小伙伴的友谊来维护自己的自尊，而很难从提高自己的能力方面入手考虑问题。因此，家长这样的比较不仅不会促进孩子进步，反而会滋长孩子的嫉妒心理。

2. 理解、接纳孩子的感受

孩子在嫉妒时，实际上是心理痛苦和压抑的一种外化，他在痛苦无奈的压抑中需要宣泄，需要有人能倾听他的诉说，并理解他、体谅他。很多时候，妈妈微笑的眼神、轻松的语调能化解孩子的不良情绪，有效控制孩子的嫉妒心理。

3. 注意嫉妒背后的动机

有些孩子因为嫉妒故意搞一些破坏性的事情，这背后也许是令人意想不到的动机，那就是为了寻求关注。是的，受到批评同样也是一种关注，这也是很多喜欢调皮捣蛋的孩子的心理诉求。

因此，在充分满足孩子爱的需求的情况下，应该尝试给予"受害者"更多的抚慰和鼓励，而"忽略"搞破坏的孩子，只给予他平静简约的批评。这样几次下来，他因为得不到预期的"关注"，就会觉得没意思而逐渐放弃搞"破坏"了。

让孩子顺利分房睡

乐乐妈最近因为孩子分房睡觉的问题而感到很矛盾："孩子的房间是早就准备好了的，现在他都已经 3 岁多了，我们觉得该分床睡了，可是一到了晚上，他就黏着我，说什么不肯到他的房间里睡。好不容易把他带过去，他就紧紧搂着我，不让我离开。这样坚持下去，会不会对孩子的心理有伤害啊？"

童童妈也同样为孩子分房睡觉而烦恼："我把他拖到他的房间里，他哭闹着不肯，气得我揍了他一顿。闹到半夜，我索性把门给锁上了。后来我到他房间里偷看，看他已经在床上睡着了，脸上还挂着泪，一边睡觉还一边抽泣呢。我也不想狠，可是不狠孩子就没法独立啊！"

分房睡觉会不会给孩子带来心理伤害？乐乐妈的担心是有必要的，如果这个过程实施不当，很可能会给孩子带来心理伤害。童童妈强迫孩子分房睡，并且实施锁门、暴力的行为，让孩子在黑暗中带着恐惧、悲伤，甚至身体的疼痛，哭泣着入睡，必然会给孩子带来心理创伤。

3~6 岁，正是孩子的"恋父情结""恋母情结"发展的时期，他们对父母的关系、两性之间的问题比较敏感，确实应该分房睡觉了。但从孩子的角度讲，将自己与父母分离，确实是很难接受的过程，这与当初妈妈给自己"断奶"的感觉是差不多的。

但是，一个健康的家庭中，夫妻的关系应该是第一位的，其次才是亲子关系。如果前期亲子关系大于夫妻关系，那么在孩子 3~6 岁这个时期，一定要让孩子形成一种认识：父母之间有一种亲密的关系，是他不能介入的。认识到这一点对孩子的成长有着重要的意义，这不仅能让他明白自己在家庭中的位置，还能对他认识家庭结构有着积极的影响。

在对待孩子分房睡的问题上，很多妈妈都有着乐乐妈类似的困扰，担心对孩子的心理造成伤害。但我们这样做正是为了让孩子将来能有能力更好地生活。不是吗？想一想，我们会因为孩子的哭闹就不给孩子断奶吗？为了让孩子开心、避免分离痛苦就可以不上幼儿园吗？只要是成长，都会伴随着一定的痛苦的。

很多时候，孩子较难独立分房睡，大多是妈妈的分离焦虑所致。有些家庭夫妻关系疏远或者丈夫长期不在家，为了填补内心情感的空虚，妈妈会将孩子留在卧室里做伴。因此，如果真正爱孩子，该放手时候就该放手，该让他独立的时候就应该独立。

当然，让孩子独立的时候，如果像童童妈一样狠狠地将孩

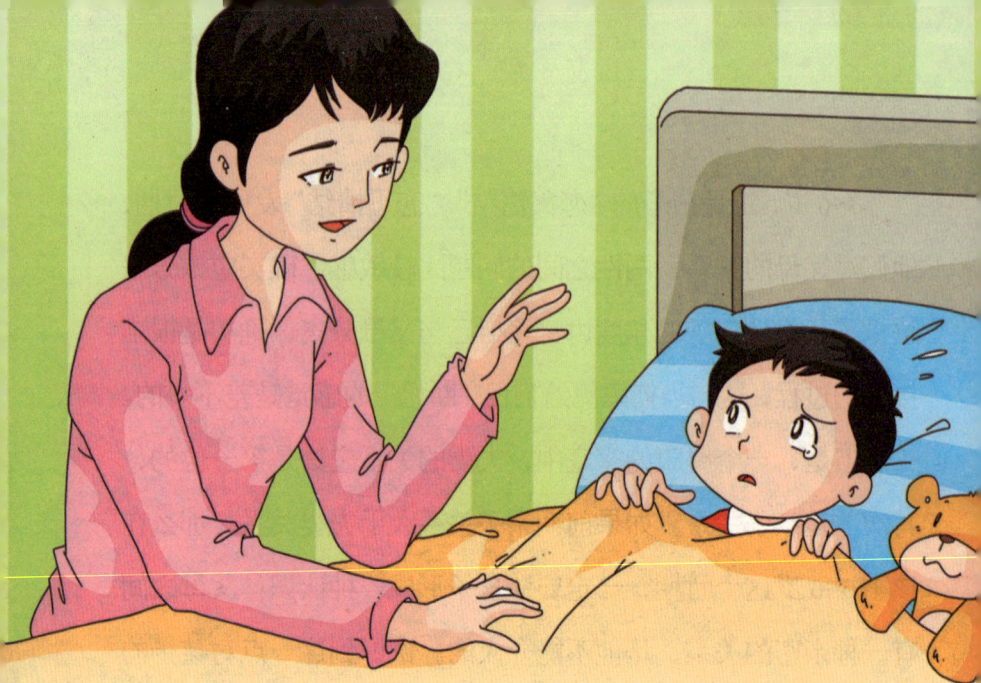

子推开，这也是很残忍和不可取的做法。这让孩子感受不到爱和温暖，只有被抛弃的冰冷感受。虽然独立了，但是怨恨和被拒绝的感觉会像冰山一样积压在孩子的心里，如同生活在孤岛上，没有了温暖的港湾。因此，一边让孩子独立，一边还能让孩子感受到爱和被支持是最佳的做法。孩子不论怎么独立，都知道父母那里可以是他最终可以依靠的心灵港湾，那么孩子在独立面对生活的挫折时就不会害怕了。

那么，我们该如何让孩子自然而然地接受分房睡的情况，又尽量不引起孩子过大的心理波澜呢？

1. 摆事实，讲道理

我们先给孩子讲道理，告诉他为什么要分开睡，分开睡有什么好处，让他知道分开睡并不是爸爸妈妈不爱他了，而是他成长的一个标志，是值得自豪的一件事情。还可以带孩子到一些独自睡觉的孩子家参观，让他知道别的小朋友也是这样做的，这样可以打消他的恐惧。

2. 循序渐进，慢慢来

如果卧室够大，可以先在卧室里给孩子安排一张小床，让他先练习一个人到小床上去睡觉。适应之后可以将小床搬到他的房间里去，孩子由于适应了小床，便能容易接受搬到独立房间的做法。

3. 创造一个孩子喜欢的房间

孩子房间的摆设和装饰也是需要妈妈花费心思考虑的。在购买家具和装饰房间之前，一定要处处征求孩子的意见，让他从内心感觉到这是属于"我自己"的领地。如果孩子喜欢粉色，那就买粉色的家具和粉色的玩具，让孩子欢天喜地地奔向自己的地盘。孩子白天就喜欢待在自己的房间里，是他能够在这里独立睡觉的重要前提。

4. 初期阶段多些陪伴

孩子刚到自己房间睡的最初阶段，肯定是会有些恐惧心理的，妈妈和爸爸可以轮流去陪伴孩子，给他讲故事，轻轻抚摩孩子的身体，直到孩子睡着了再回到自己的房间。半夜的时候，还需要到孩子的房间看看，虽然孩子已经睡着了，或者处于浅睡眠状态，但是你帮他盖好被子或者轻吻他，都会让他有温暖和爱的感觉，他会知道，虽然他自己一个人睡，父母依然爱着自己。刚开始的时候，孩子都会对黑暗有所恐惧，也可以一直开着灯，直到他睡去。

注意，由于孩子有爱蹬被子的习惯，所以分房尽量最好选择在夏季进行，防止孩子感冒。

孩子刚尝试着和父母分离，父母要多给孩子一些关注，之后慢慢孩子就会接受分房睡。

"人来疯"的孩子渴望存在感

蓝思平时喜欢趴在桌子上画画、捏彩泥、玩拼图，有时候也爱拿着幼儿园的音乐书本，一首歌接一首歌地唱给妈妈听，一旦得到妈妈的称赞，她便眉飞色舞。可以说，她在家里，算是个听话、乖顺的孩子。但是，一旦家里来了客人，蓝思就会一反常态，在沙发上乱蹦乱跳，扯着嗓子尖叫，其兴奋程度就像打了激素一样。而爸妈越是制止她，她的行为就越放肆，简直就是"人来疯"，令家长非常尴尬。

生活中，不仅蓝思有这样的情况，很多家庭中的孩子都有这种所谓"人来疯"的现象，令人头疼。

事实上，孩子在客人面前"人来疯"是对自己不被关注的反抗，背后的潜台词是："如果你们不把我当回事儿，我就使劲闹，你们要关注我！"当客人来的时候，大家出于礼貌，都会围着客人转，一向备受关注的小家伙受到了冷落，就会产生失落感，进而做出一些在大人看来极其夸张、怪诞的举动。他们的行为只是想利用消极、隐蔽的方法表达自己的需要，目的也只是想给大人发出"信号"而已。

要真正解决这个问题，做父母的就要给孩子足够的情感满足和尊重，让孩子从中确认自己的存在，这对孩子的人格、自尊和自我意识的发展具有非常重要的意义。当客人要来的时候，可以先和孩子一同来做迎接客人的准备工作，如："小宝，你看让客人坐在哪里合适呢？""小宝，你帮妈妈把咱家桌子擦干净，客人就要来了！"客人到来时，家长要郑重地向客人介绍自己的孩子，可以让孩子将已洗好的水果端给大家，还可以给孩子一些表现的机会，如果孩子擅长唱歌，就请他为大家唱一首；擅长跳舞，就请他给大家跳个舞。

另外，注意寻找一些孩子在旁边能听到的机会夸奖自己的孩子，等孩子得到了充分的关注之后，就请他回自己的房间里玩——当然这是事先你和孩子规定好的原则，即"听到妈妈让你去你房间玩的建议时，就乖乖地听话去做，给大人留出可以正常说话的时间"。这样的原则坚持下去，孩子就会养成讲礼

貌的好习惯。

　　此外，孩子"人来疯"还可能是过度兴奋所致。因为3~6岁的孩子大脑神经系统的抑制功能尚不完善，正处于兴奋强于抑制的状态，因此难以控制自己。特别是有些性格内向的孩子、平时很少有机会和家庭以外的人接触的孩子，以及长期处于单调、闭塞环境中的孩子，一旦他兴奋起来，就会表现得与往日大为不同。

　　这类"人来疯"显示了孩子对环境改变的心理适应能力较差，这与家人对他的过度保护和缺少锻炼的机会有关系。当一向乖顺的宝宝忽然变得如此不可理喻，千万不要批评责备孩子，而应该通过这样的现象看到教育上的不足，平时就应该多带孩子出去与人接触，多结交好朋友，或者带孩子到朋友家多串串门，适当参加一些活动等，培养孩子与人沟通交流的积极性。

理性看待孩子的讨好行为

圆圆妈去幼儿园接孩子，老师告诉她，圆圆在幼儿园做了一件让老师都有点感动的事情。下午小朋友们进行集体活动时，老师在门口站着，圆圆竟然知道主动去给老师送了个凳子，让老师很感动。

圆圆妈听听了老师的话很开心，但回家后她不免琢磨起来：圆圆在与大人相处的时候，在很多事情中都能看得出她是个有眼色的小机灵鬼，很会看大人的态度做事讨好大人。但是这样似乎有点太不像个 4 岁的小孩子了，她会不会太按照大人的标准去要求自己了呢？这样会不会太压抑做小孩子的天性，而慢慢地失去了自己的真实本性了呢？

圆圆妈又想到，幼儿园的老师很辛苦，她一般会很喜欢圆圆这样有礼貌的学生，但是同一集体中的其他小伙伴，他们会喜欢一个与老师走得太近的孩子吗？圆圆这样的做法会不会造成其他孩子对她有别的看法，以至于会对圆圆不好，或者更进一步地说，会不和她玩呢……

的确，圆圆妈的这些想法和担忧完全可以理解，家长既希望孩子获得大人的喜欢，灵活圆滑，善于变通，但又担心孩子为了迎合别人而失去真实的自我。

事实上，3~6岁的孩子已经基本能理解语言指令和基本的行为规则，并且对产生的后果也能够有所预料，因此，讨好大人是他们调整行为的方法之一。从幼儿的心理发展来看，孩子能从成年人的行为或者脸色中得到反馈，调整自己的行为，可以说是孩子社会适应性的一种积极的表现。这个年龄的孩子正处于开始学习判断、识别环境和自我行为的阶段，孩子喜欢看父母或大人的脸色行事是极为正常的。

像圆圆这样的孩子，很懂得让大人觉得被尊重和关心，这是好事情，但要同时观察她在小伙伴中的表现又是如何。如果她也同样对自己的小伙伴经常表达、表现出关心和同情，那就是她的自然而然的爱心表现，而非违背自己内心的想法，勉强去做。如果孩子表里一致，并没有勉强自己，那应该为圆圆这样的小朋友感到高兴，说明她的社会适应性很强。如果事实相反，那么家长要思考孩子的生活环境，是否存在着鼓励她为了他人而压抑自己的情况，是否在她按照自己的方式选择和做事的时候受到家长的贬斥和否定，而没有充分尊重孩子个人的主张。

另外，值得注意的是，由于文化背景或其他各方面的差异所致，有些家长期待孩子越机灵越好，而有些家长则并不主张这样的性格倾向，就如圆圆妈一样，对孩子所谓"示好"的行为还是存在某种程度的担心。

不同的家长认知有所不同，在面对孩子讨好行为时就会有不同的看法，但无论怎样，家长或孩子所主张、表现出的某一面，都有其可圈可点之处。重要的是，当事人本身是否对自己有所接纳，如果表里如一而不违背自己，其同样拥有高度的自尊，也同样拥有对自己的高满意度。

很多时候，家长往往把自己不能接纳的评价投射到孩子

的行为当中，在孩子身上寻找自己不能接受和不喜欢的东西。但是，过度的担心本来就有一种心理驱动力，会让你以自我求证的方式寻找到你认为的答案，这样会让孩子更加趋向于你不喜欢的那个行为。如你总是当着外人的面说自己的孩子"腼腆"，那么孩子就会更加腼腆下去，即便他本身其实并不怎么腼腆。

因此，理性去看待孩子的讨好行为，这也是家长自我觉察的一门功课，我们要清楚地看到自己的所思所为是否对孩子有所误判或影响。话说回来，如果我们将目光转到孩子身上积极的一面，孩子即便有消极的行为，也会很快转化或者变成其他的形态了。

健康的自恋从哪里来

地铁里，有个看起来三四岁的男孩站在车厢中间，拿着一根小铁棒敲击着车厢里的铁柱，叮叮当当的声音引发了身边一个男人的不满："小朋友，别敲了！"

"我就敲！"这个男孩扬起头，完全没把这个高大、看上去很凶悍的男人放在眼里。

小男孩的妈妈赶紧把孩子叫过来，以防他总敲那个铁柱影响别人，并向大家道歉。随即与车厢里的乘客聊了起来。原来，这个小男孩在幼儿园上了几天就不干了，说再也不去那个小黑屋了，接他回家的时候，孩子一定要妈妈在地铁上陪他多转几圈，说太憋屈了……

原来，现在他们母子坐地铁是在解闷。

孩子的世界与大人的世界不同，许多孩子对规矩的认识仅限于"我想这样做"，与道德无关。在这个天地里，小男孩就是王，世界唯我独尊，我想干什么就干什么，怎么舒服怎么来。

一个人的成长，必须经过如此充分的"我就是整个宇宙"阶段，奠定了坚实的自爱基础之后，再慢慢去修正这个观念，哦，原来我是我，他人是他人，宇宙是宇宙。

自恋是自信的基础。在生命的早期，家长对孩子无微不至的关怀会让孩子产生一种"无所不能"的全能感，这也是孩子获得对这个世界安全感、信任感的基础。心理学上将婴儿的这种"无所不能"的状态称为"原始自恋"。原始自恋是健康自恋的雏形，也是成年后人际安全感、自信、自尊、自爱的基础。

当孩子慢慢长大，会发现除"自己"之外，还有一个更丰富并且自己不可能掌握的"别人和世界"，会在现实生活中的各种各样的挫折中逐渐明白，每个人的能力都是有限的，这个世界也是不完美的。

即便这样，每个人都是有价值和可爱的，在这个过程中慢慢地形成真正的自我价值和自我欣赏，心理学上把这种自我价值和自我欣赏称为"继发自恋"。一个人只有完成这个心理发育发展过程，才能完成健康的自恋，在后续的生活中才可能获得充分的自尊、自爱与自信。

但是很多人的成长，往往原始自恋还没能形成好，就被父母摧毁了。这些孩子很小就觉得自己是没有力量的，是弱小的，是需要保护的，甚至感觉自己什么都不是。

而当一个完成了充分自恋的人，认识到"我并非整个世界的中心"之后，才能变得客观。但同时，"我是整个世界的中心"的基础信念又暗藏在潜意识里，当这两个信念不再冲突，能同时接纳和包容之后，这个人就能很好地立足于这个世界，找到自己的位置，活出自己精彩的人生。

每天晚上睡觉前，我都会和女儿用各自的润肤油往自己的手上和身体上擦。我的润肤油既有滋润功能，又有消除不必要脂肪的塑身功能。一次，我在洗手间洗漱，女儿已经上床，但鼓捣半天也没打开她润肤油的盖子，我就喊了一声："要不然，你先用我那个润肤油吧！""你那个不是减肥的吗？我又不胖！"我和先生同时笑出声来，女儿对别人的意见不那么轻易盲从，这确实是个很需要小心保护的意识。

　　还有一次，只有 29 斤体重的女儿费劲地提着一个 5 斤重的新买的饮料桶，饮料桶有她三分之一的体型大，她像一只蚂蚁往洞里拖大虫子一样。她想亲自把它拎到餐桌上然后打开喝，坚决不让别人帮忙。于是她举步维艰地努力地往前行走，表现出猴急的样子。我就这样在一旁看着这个等不及喝的小家伙，忽然她被重重的饮料桶给绊倒了，看到她滑稽的样子，我忍不住笑了起来。

　　女儿爬起来看了我一眼，严肃地说："摔跤有什么可笑的！"之后继续拎那个沉重的饮料桶。

　　忽然之间，我为她如此尊重和保护自己的失误而心生敬意，并且有些惭愧。

很多次给女儿放热水洗澡的时候，我们总是有这样的对话：

"妈妈，这水太热了！"

"不热啊，我觉得正好呢！"

"那你是觉得，不是我觉得。"

哦，你是你，我是我，我的感受不能替代对方的感受，不能拿自己去度量别人。为什么我一而再，再而三地犯这种错误呢？

时常觉得孩子是在教育我，提醒我反省自己简陋的思维和没有完善的人格。

孩子的撒娇隐藏着爱的期待

当女儿希望得到某样东西而我却拒绝她时，她惯用的手段是威胁我："我再也再也再也……不和你玩了！"可是宝贝，你这手段连小朋友都镇不住，还能让我就范吗？

"宝儿，过来搂住妈妈脖子，把脸贴在我的脸上，之后说'妈妈，给我买一个嘛'，这样我就同意了。"女儿如法炮制，我就让她如愿以偿。

是的，我得强化女儿的撒娇能力，既然我这个妈妈平时很难为此做出表率，就只能通过此"拙劣"的手段强化培养了。当然，撒娇这种事情，我也不太擅长，追溯缘由，我的妈妈在与爸爸的关系中常常扮演的是母亲和大姐的角色，是个强势的女人，我学习到的也便是如此了。

而当我也想像别的孩子一样向妈妈央求撒娇时，妈妈是不接受的，她会用"腻歪""厌烦""恼怒"来表达自己对此的感受，"好好说话！"不断地"纠正"着我。

长时间相处，我发现她似乎对身体的亲密触碰都很反感，亲人之间也都没有亲密的身体接触。再往上追溯，妈妈的妈妈也是这样——看来，这里面有一种强大的基因的力量传承着。由此，我的妈妈觉得，总与家长腻腻乎乎的孩子，总是黏着家长的孩子，不会太有出息，那是娇惯的表现。而整天"我的儿呀"挂在嘴边的父母，那些总是和孩子搂搂抱抱的父母，他们的孩子长大了容易离不开父母，父母也离不开孩子，这对孩子十分不利。

真的是这样的必然逻辑吗？当我看到一个"绒布妈妈"的心理学的实验，对自己"不会撒娇"的认知就更深入了一步。

哈洛是美国著名的比较心理学家，他为小猴制作了两种假的猴妈妈：一种是用铁丝编成的"铁丝妈妈"，另一种是用母猴的模型套上松软的海绵和绒布制作的"绒布妈妈"。在同样有奶瓶的情况下，小猴偶尔会到"铁丝妈妈"那里吃一下奶，

但更多时候是在"绒布妈妈"处吃奶并依偎在怀里。如果"铁丝妈妈"身上没有奶瓶，而"绒布妈妈"身上有，小猴会很快就和"绒布妈妈"难舍难分了，根本不去"铁丝妈妈"那里。如果"绒布妈妈"身上没有奶瓶，而"铁丝妈妈"身上有，小猴只有在感觉饿了时，才跑到"铁丝妈妈"那儿吃奶，其余时间都是在"绒布妈妈"怀里。每当离开"绒布妈妈"出去玩耍时，如果受到惊吓，小猴就会恐惧地快速跑到"绒布妈妈"那里，紧紧依偎在怀里，渐渐地平静下来。如果将"绒布妈妈"换成"铁丝妈妈"，小猴遇到惊吓，就会一直在跑。

　　从试验中心理学家得出结论：小猴对母猴的依恋并不只是因为母猴能供给奶吃，更重要的是母猴能给小猴柔和的感觉，并且还能给小猴安全感。后来，哈洛等人又给"绒布妈妈"增添了越来越多的母性特征：在身体里装上灯泡，使它"体温"升高；在身体里装上能按摩、会动的装置，让它会抚摸、拥抱小猴。在这种情况下，小猴更愿意去找"绒布妈妈"，并且越来越离不开了。

从这个实验中可看出，个体都有被触摸的需要，这是一种本能的需要。

对于婴幼儿来说，接触温暖、松软物体感到愉快，喜欢被拥抱和抚摸，而且会对触摸对象产生情感依恋。

来自父母的拥抱、抚摸、接纳和爱是让孩子形成活泼、热情、自信和自尊的保证。

如果寻求拥抱和抚摸是人本能的需要，那我的本能是怎么消退的呢？

由于家长不吃这一套，我的撒娇能力，无论是语言的还是肢体的表达，刚刚处于萌芽阶段就遭到了带有贬低色彩的镇压，不要说撒娇，连带主动表达爱的能力一同遭到了毁灭。几次下来，谁还愿意再去自取其辱呢？

或许，我的妈妈也是这样变成"女强人"的吧？至少她一定也是受到了抑制，才使"撒娇"这个行为在她身上再也见不到了。因为自己没有获得这种被爱的感受，所以自己也做不出这样的行为，并且以"锻炼孩子独立"作为看似正确的理由。

能够撒娇的人，善于撒娇的人，一定是小时候父母非常喜欢他这个样子，只要他撒娇，父母就顺从了他。因此，百试不爽下越加强化了这个"情感敲诈"方式。事实也证明，不论是熟人还是陌生人，不论是男同学还是女同学，大家普遍喜欢这样向自己表示亲密的人，都不忍心拒绝这样的"孩子气"。

撒娇者向对方表达了对对方来说至关重要的信息：你很重要，你是占主动地位的，你是具有掌控权的，你是有左右事物的能力的，这些信息充分满足了对方的被尊重的需要和情感的需要。如此来看，撒娇确实有着强大的力量。

女强人的妈妈，很难培养出一个会撒娇的女儿。因为孩子在复制学习的时候，我们就没有提供这样的模板。在孩子以后的人生中，也会重复我们那样僵化的角色。

送给孩子的终极礼物

女儿刚上了两天幼儿园，第三天早上偎在沙发角落说什么也不肯穿衣服去上学，还找各种借口，不成便撒泼："我就是不去！"

哄了半天，我的耐心正被一点点蚕食！

我耐下性子，有些愠怒地问："你为什么不去幼儿园呢？"她无语。

强迫式也使用了："你必须去幼儿园！"

孤立式也用上了："爸爸已经上班了，妈妈也马上走了，家里就剩你一个人！"

女儿还是在沙发那里哭，我的心一下子软起来，开始反省自己：自己还是心理咨询师呢，怎么到了实际生活就没能应用呢！怎么还能使用这些暴力性质的语言呢！对于有情绪的当事人，首先要共情，共情啊！

我深吸一口气，让焦躁的自己平静下来，缓缓地来到她身边，将她搂在怀里，温柔地再次问她："宝儿，你是不是在幼儿园生气了？受委屈了？不开心了？"我尽量使用她能理解的情感情绪词汇。

女儿一下子大哭起来："小朋友们都有木马骑，就我一个人没有！"

我的心一下子被揪了一下，原来是这样啊！后来我从她片段式的描述，加以我的想象补充验证确认：幼儿园一下课，小朋友们哗啦一下冲出去，都找了一个玩具玩，女儿当时反应有点慢，等冲出去时，已经没有了可玩的玩具。一个人就傻站在那里了。

看着别人开心地玩，自己没有玩的东西，那感觉真的是很受挫、很失落。如果小小的我遇到这样的事情确实也很难过啊!

我给她擦擦眼泪,对她表示深深的理解:"妈妈要是你这样,也会很难过的!别人都有玩的东西,就自己一个人没有木马骑,真的很难受!不过,这时候你应该怎么办呢?"

"不知道。"

她的主动思维启发不出来,我只好给她提供多项选择信息了。

"你可以和小朋友们商量'轮流玩'啊(这是她看动画片学会的,明白这个意思),也可以找老师,请老师帮忙('请帮忙'她也学过),让老师帮你找个木马骑啊!"

女儿的情绪果然有了好转,开始慢慢穿衣服了。路上,我为了进一步共情,还编造了一个故事:"妈妈呀,刚上幼儿园的时候,因为不熟悉小朋友,也不熟悉那些环境,也很不愿意去的,那时候我也和我妈妈说'我不去,我不要去!'我还哭呢,后来和小朋友们成为朋友,我就喜欢去幼儿园了。"我一边和她说一边做着夸张的动作,女儿听了我的话来了兴致,她没想到看似强大的妈妈也有过和她一样的感受。她开始笑了,不断地和我说:"妈妈上幼儿园也哭啊!"其实我小时候哪里上过幼儿园啊!虽然是善意欺骗,但是为了主旨就不要在意形式了嘛!

稳定好她的情绪,我蹲下来很认真地对她说:"你一个人在幼儿园看不到妈妈爸爸会有点害怕,但是你要知道,爸爸妈妈不在你身边也会给你鼓劲的，我们都在对你说，女儿加油！"说完这话，我感觉到自己鼻子有点酸，好像把自己感动到了……

晚上接女儿回家，她一看到我就高兴地跑过来，第一句就说："妈妈不在身边也会给我加油的，谢谢妈妈！"

哦，她这么一说搞得我眼泪都要流出来了！心情很是复杂……

是啊，人生的路那么长，妈妈哪能时时刻刻都在你身边陪伴你，帮你铲除各种问题呢？我只能教你解决问题的方式，并永远给你鼓励和支持。

忽然想到人生是多么无常，唯有变化才是一直不变的，包括人身上的细胞每时每刻也都在进行着大量的代谢和更新，其实一个人也时时刻刻在经历着"生"和"死"。

那么永恒不变的是什么呢？那就是精神和信念。

曾看过一个电影，里面主人公一个至亲的人去世了，但她已经不感到失落和缺失，因为她能感到对方的精神在伴随着她，时时在天上看着她，依然爱着她。

当了妈妈后，我现在终于懂了这层含义，希望我的女儿未来也能有这样的体会，不论妈妈在不在她的身边，无论生存着甚至是死去，精神都会一直陪伴着她，让她不感觉孤独和害怕。我想，这是父母送给孩子最终极的礼物了。

但是，让一个人拥有这样的信念又是件不容易的事情，因此，从小就要对她说出来，用实际行动不断证明给她看，一直强化下去，直到她确信无疑。这样，即便是父母已经不在人间，孩子的内心也会充实丰盈，被爱永远滋润，内心一直有一个可以依赖的故乡。

我们和孩子是"校友"

成年人经历过的一些事，会因为当时深切的感受而形成自己的认知，这就成了思维的固化，而本人完全不知道自己已经画地为牢。

比如，我对小区里的一只小白狗印象就不怎么好，因为有一次它突然"汪汪"一叫，吓得我一身冷汗。我不知道这条狗的任何故事，只是模糊记得它那个面孔严肃的女主人，所以我就把这条狗定义为"坏狗"。

晚饭后在小区的花草灌木丛中散步，是我和孩子经常做的小范围运动，与这只猫那只狗的或好或坏的"事故"便构成了我经常在女儿面前所讲的故事，女儿在我漫不经心的言语中时而惊恐时而嬉笑。

"妈妈，我们能去森林散步吗？"幼儿园中班的女儿在吃过一天的晚饭后，主动征询我的意见。

"什么？去'森林'散步？"我有些缓不过神来，不知女儿口中的'森林'所指哪里。

"我们不是经常去'森林'吗？你怎么忘记了呢？"女儿的眼神也满是奇怪地望着我。

"那，那好啊，你做妈妈的向导吧，今天你领着妈妈去'森林'散步吧。"我以我能开动的脑筋来摆脱这样的纠结。

于是，小向导和她的队伍中的我这个唯一队员就这样一前一后地下楼出发了。

一路上，小向导很积极地在前面带路，我则一半认真一半悠闲地与偶然路过身边的熟悉朋友打招呼。

"妈妈你看，这是森林的入口！"小家伙抬起右胳膊，伸

105

出左手食指，指向左前方。

"哦？"我低头，真的是低头仔细观察，不及我身高的灌木绿化带墙映入眼帘。

我一时脑袋短路，怎么这就成了孩子眼中的"森林"入口了呢？

"这位小朋友，作为一名向导，你能告诉我，为什么这里是'森林'入口呢？"

"因为这些树很多，所以叫森林啊，而且，而且森林的意

思就是说很高大。你看妈妈，我抬起头都看不到那边是什么。"

我一下子明白过来，果然，从她的角度来看，这是个无比高大的"森林围墙"，想必，"森林"这个词的理解也是来自睡前的故事机或其他小朋友家的《十万个为什么》之类的科普常识。

"那好吧，就请这位向导带着我夜游森林吧。"我加重了认可的语气。

"嗯，森林里有很多秘密，需要格外小心。"小向导特别叮嘱道。

在接下来的"森林之旅"中，小向导带我观看了因为某个角度的高楼射灯投射到半空中所形成的独特光影；趴在烂掉了的老树根旁，倾听影影绰绰还在爬行的黑蚂蚁的对话；在一直不见回归鸟的一个简易鸟窝的那棵树下，听她讲了一个动人的小鸟去寻找失踪妈妈的故事。

小区的绿化因为面积很大，所以这个森林地带真的装满了秘密，这是我们身材高大的成年人看不到的世界。

当我们一前一后从"神秘森林"的另一个出口走出时，月光下，一只卷毛小白狗忽然一跑一颠地奔向我们。

"哇，宝贝你看，这就是妈妈和你说的那只小坏狗！"我开玩笑地对女儿介绍这只没好印象的卷毛小白狗。

女儿听罢，也紧张地躲到我的身后。

"我的宝贝从来不咬人的，她是喜欢你，才去用鼻子蹭你的腿。"不远处，拿着狗项圈的一个中年女性边走边和我们解释，笑声很快就解除了小向导的紧张感。

　　女儿从我的身后挪到身前，一会儿走上两步去亲近小白狗，一会儿又略带紧张地退缩回来。但是很快，我能从她更加从容的表情和不时的弯腰逗趣中，感觉得到她的兴奋和满足。

　　我们同小白狗和它的主人愉快告别时，女儿还是时不时地、不舍地回头张望远去的小狗的影子。

　　路灯下面，我和女儿的影子叠加起来，这便忽然没了现实层面的大小之别，这恍惚间，我忽然意识到：孩子眼中的森林即是她眼中的世界，而像小白狗之类的事物，被成人大脑加工后灌输给孩子，才真正成为需要担心的噩梦。

　　这样主观地判断事物，并以真理的方式传递给孩子的情况有多少呢？想想好可怕！

　　"妈妈，刚才那只小白狗和你说过的那只小坏狗，是同一只吗？"女儿忽然在上楼时问我。

　　我听了，知道女儿开始与过去我所传达给她的信息在做对比分析，但我忽然不知如何回答这个尴尬的问题了。

　　"你觉得这只小狗怎么样呀？"

　　"很可爱啊！我很喜欢它。"

　　"那这只小狗给你的印象就是可爱。它这次给我的印象也是这样，但上次因为它忽然汪汪叫，吓了我一跳，所以我有点不喜欢它。"

"对小狗来说，遇到陌生人汪汪叫也是一种本能，不能说小狗不好。"

其实小狗还是那只小狗，本身无好无坏，只是因为我们主观的感受定义了它，这实在有失偏颇，还要赶紧把我给她输入的不完整信息及时完善了才好。

作为妈妈，我很想将自己认识到的"智慧"传承给孩子，但是体验是无法复制的。一个晚上，孩子就带领我看到了她所感受的"森林世界"和她所感受到的"小白狗"，这与我所感受到的完全不同！

相比之下，我看到我的世界简单无趣，还有诸如对小白狗这样事物的简单认知，再说"传承"二字，不禁汗颜！

在"生命"这所大学里，自己和女儿只能是"校友"，我们之间只能相互交流不同的经验，尊重彼此的差异化。如果执意拿着自己有限的经验灌输给孩子，是对孩子最大的禁锢。

第四章

接纳孩子流露出的各类情绪：
好的沟通是亲密关系的保障

接纳孩子的情绪并不等于认同、支持孩子的情绪，只是让我们有机会觉察并理解孩子的情绪，只有以这样的"共情"为前提，才会有一个更宽的视角面对问题、解决问题，避免偏见的产生。

批评宝宝时的4个原则

很多妈妈在育儿过程中，常常会因为宝宝的行为不符合自己意愿而大加谴责、恐吓，却意识不到——成长中所犯的错误是很好的学习机会。当然，我们的批评是想阻止宝宝再犯同样的错误，但这样做常常会产生相反的作用。孩子或因害怕受责备而不敢冒险，失去学习新技巧的热情和胆量；或产生反叛心理，以后事事都故意和父母对着干；过于频繁的责备不仅让孩子变得"皮"了，对批评充耳不闻，也容易使他认为自己做什么都不行，将父母的评价内化为自己的评价，长大后无法建立自信。

更有甚者，还有些家长习惯于一边伸出指头对孩子指指点点，一边训话，完全没有把孩子当作一个独立的个体来看待，没有考虑孩子的个人感受，认为孩子只有在逆境中才能成才。其实不然，孩子常常会在你"人为"制造的逆境中沉沦、绝望，最后毫无斗志。

因此，当我们因孩子的一些不当言行而批评孩子时，一定要掌控分寸。这的确需要方法，说深了，怕伤了孩子的自尊心；说浅了，又怕孩子不把批评当回事。

那么，怎样批评犯错的孩子，既能产生最佳的教育效果又不伤到孩子的心灵？请牢记以下 4 个批评原则：

　　原则一：尊重人格，就事论事不跑题

　　孩子有过错，理应批评，但其人格应受到尊重。批评应对事不对人，要维护孩子的自尊心，不能因为孩子犯错就一味地否定孩子的行为。就事论事，不要翻老账，不要把问题扩大化。尤其应避免使用以下语言："你这个傻瓜，你这个没用的东西！""你怎么这么没出息！""我真后悔生了你！"因为这样不仅使被吓坏了的孩子认识不到自己错在哪里，而且他的自尊心也会受到伤害。孩子一旦失去自尊，任你怎样批评也没用了。

原则二：态度平和，降低说话声调

一边是大声哭闹的孩子，一边是厉声训斥的家长，我们时常会看到这样的状况，但是这样的批评有效果吗？人处于激动时，语音的分贝总是很高，节奏很快，神经紧绷，面红耳赤，情绪失控，争执只会越来越严重。所以，遇到孩子不接受批评时，家长应持平和的态度，同时降低声调，这样不仅能使孩子情绪稳定，也容易使自己变得理智。

原则三：非语言刺激，无声批评更有效

对于孩子某些不良行为，家长可通过对孩子实施非语言刺激，来减少和控制孩子不良行为发生的频率，比如：目光注视（以冷峻的目光较长时间地注视孩子）、距离控制（逼近或远离孩子）、轻微的惩罚（拿走孩子喜爱的物品），这样会使孩子对自己的错误行为产生内疚和羞愧，从而减少和消除不良行为发生的次数。

原则四："三明治式批评"最科学

表扬——批评——鼓励，这种方式也叫"三明治式批评"，这种方式会使受批评者愉快地接受批评。这种现象就如三明治，第一层是认同、赏识、肯定、关爱对方的优点或积极面，中间这一层夹着建议、批评或不同观点，第三层是鼓励、希望、信任、支持和帮助，使之回味无穷。

这种批评法，不仅不会挫伤受批评者的自尊心和积极性，而且还会使他积极地接受批评，并改正自己的不足之处。这种方式在育儿教育上同样适用。如孩子想自己吃饭但却不小心打碎了碗，你可以这样说："宝宝想自己的事情自己做，这种想法很好。但是打碎了碗会伤到你的漂亮小手，妈妈知道你不是故意的，下一次我们一定要注意，好吗？"这种方式就比"不要你自己吃你偏吃，看看把碗打碎了吧"好得多了。

表扬宝宝时的6个原则

生活中，很多爸爸妈妈还有爷爷奶奶、姥姥姥爷都非常懂得"赏识教育"，"宝宝最棒了！""宝宝真厉害！"这样赞扬的话每天说得不计其数，但是如果给孩子的表扬和奖励过多过滥，并不一定能起到好的作用，甚至有时候对孩子的成长还会起到反作用。

事实上，如果表扬只是流于形式，就不会真正起到鼓励的作用。如果孩子完成了应完成的任务、做了应该做的事情，家长对这些本来就应该做到的一般行为大张旗鼓地进行表扬和奖励，甚至为了照顾情绪，拿金钱来平衡，这样做的话，对今后孩子的行为就可能出现负效应。孩子会把这些一般行为当成是一般人难以做到的"好孩子"专利，做到了就应该受到父母的赞扬和褒奖，如果得不到，就会失去心理平衡和继续做下去的动力。可以说，这种廉价的表扬是一种短视行为。

与批评孩子一样，表扬孩子同样是一门艺术。那么，我们在表扬孩子的时候应该注意些什么呢？

原则一：表扬要恰如其分

表扬应该是有限度的，是在平时生活中随时进行的，过高的奖励一定是匹配不一般的行为，只有这样，孩子才会把应承担的义务看作是"应该做的""必须做的"，做不到应该受到严厉批评，做到了不应当"邀功请赏"，只有做得好才会立功受奖。

原则二：表扬要具体到位

表扬得越具体，孩子越容易明白哪些是好的行为，越容易找准努力的方向。例如，宝宝玩完了玩具，自己把玩具放回原处。如果这时妈妈只是说："宝宝表现得不错。"表扬的效果会大打折扣，因为孩子不明白"不错"指什么。你不妨说："你自己会把玩具送回家，妈妈真高兴！"一些泛泛的表扬虽然暂时能提高孩子的自信心，但孩子不明白自己好在哪里，为什么受表扬，且容易养成骄傲、听不得半点批评的坏习惯。

原则三：表扬要及时

孩子做了好的行为一定要及时表扬。否则，孩子会弄不清楚为什么受到了表扬，因而对这个表扬不会有什么印象，就不会起到强化好行为的作用。在 2~3 岁宝宝的心目中，事情的因果关系是紧密联系在一起的，年龄越小，越是如此。因此，一定要及时地强化这种好的意识和行为。

原则四：表扬重在孩子所做的努力，而非能力或天赋

表扬孩子的一个重要原则，那就是：要记得表扬他所做的努力而不是天赋，要让孩子明白，成功意味着通过自己的努力掌握了一项技能，而不是在炫耀一种天赋。否则，将来孩子遇到困难和挫折，很容易直接否定自己，而不会想到是自己不够努力。因此，要少说类似"宝宝最勇敢了""宝宝最漂亮了"这样的话，而应该说"宝宝这次摔倒了都没哭，真勇敢""宝宝自己搭配的衣服很漂亮哦"。

原则五：不把物质鼓励作为奖励孩子的绝对手段

心理学上有个"德西效应"，指的是人们在外在报酬和内在报酬兼得的时候，不但不会增强工作动机，反而会降低工作动机。在对孩子的教育上，妈妈们也要警惕这个"德西效应"。比如有的宝宝对歌唱很感兴趣，唱歌的时候很投入，很开心。这时候妈妈为了表示对孩子的鼓励和关心，也为了进一步鼓舞孩子，对孩子说："宝宝好好唱，唱完一首妈妈就奖励你5元钱，随便你买好吃的。"结果这孩子变得只为钱而唱歌了，如果不给钱就拒绝唱歌。本来一个很好的兴趣，就这样被妈妈"好心"地摧毁了。

原则六：物质奖励要适度

物质奖励不作为绝对手段，那就要适度。一个人除物质需求外，还有被人尊重、被人爱、被社会认可、被人理解等多个方面的精神需求。因此，家长在选择表扬方式的时候，不妨多给孩子一些精神鼓励，可以是一个拥抱、一件小礼物或者是一次全家出游等，同样能达到良好的效果。

不做"唠叨教育"型家长

当 2~3 岁的宝宝进入人生的第一个叛逆期时，经常会做出令父母头痛的事情：不是光着脚丫把沙发和床单踩脏，就是把玩具丢得到处都是，你这里正撅着屁股给他收拾呢，没想到他又用小手去摸电源插座去了……总之，只要你稍有疏忽，宝宝就会"犯错误"，搞得有的妈妈一天跟在宝宝的后面不断地唠叨他。

虽然我们自己现在已经成为孩子的妈妈，但是我们做孩子的时候，也没少受自己妈妈的"唠叨之苦"，这似乎成为一种难以冲破的"束缚"。实际上，唠叨在某种程度上是对孩子的轻视，是一种最低级的教育方式，其教育结果也往往是失败的。只要回忆一下当初自己对妈妈唠叨的反应，你就会认同这个观点。

唠叨基本上都带有批评、埋怨和指责成分，因此，这是一种对孩子的否定，从唠叨宝宝的频率来说，不管宝宝犯多少错误，每天批评他最好不要超过两次。否则宝宝长时间面对这种"攻击"，就会使自信心不断受到打击，进而怀疑自己的能力，产生严重的自卑心理，最后使孩子变得胆小怕事。

当重复性的说教积累到一定程度时，孩子就会对这种刺激产生"免疫力"，使说教只能产生较小甚至负面影响。而在家长唠叨声中成长的孩子，往往会表现出较明显的心理和行为惰性，导致一件事叫上十次八次，孩子置若罔闻、无动于衷。而这样的结果又促使家长再次唠叨、催促，进而使孩子产生不满和敌对情绪，甚至出现逆反行为，从而形成教育的恶性循环。

每个人都有感觉阈限，单调、重复、刺激的话，无异于精神的"疲劳轰炸"。对孩子进行没完没了的、重复性的批评只会使他们厌烦，失去感觉，产生"心理惰性"。也就是说，如果你老是对孩子说"快点，别磨磨蹭蹭的""去把你的玩具收起来"，时间一长，孩子就会把你的话当作耳旁风，那这样的训斥也没有意义了。不如换一种说法，如"超市要关门了，我们快点吧"或者"玩具们想回家了，宝宝送它们回家吧"。

日常生活中，孩子犯一些小错是正常的。作为家长，既要及时指出，帮其改正，也不能操之过急，要允许孩子有一个改正的过程。当孩子犯错误时，家长不妨用平和的态度对其正确引导，让他们在轻松的氛围中认识到错在哪里。假如宝宝喜欢"超人"，妈妈就可以因势利导："宝宝，快来做个家务助手超人吧！把这些鞋子摆整齐！"之后做个超人的典型动作，宝宝很可能跑到你的前头把鞋子都摆好了。

对孩子屡教不改的坏习惯，要避免不断地唠叨，而要让他们知道这样做要受到惩罚，当然，如果孩子依然如故，一定要注意执行。如孩子赖床，妈妈可以先提醒一次，与他约好起床的时间，并告诉他"违约"后的处理办法。如果孩子没有按时起床，那么说过的"处罚"一定要及时执行，不可妥协。相信几次下来，妈妈不再唠叨，孩子也会按时起床了。

好的亲子沟通关系，要从避免成为"唠叨教育"型家长开始，让我们一起努力吧。

搞懂孩子"破罐破摔"原因

"破罐破摔"这句话不难理解，这也是很多成年人的颓废写照，这样的人多是因为内心遭受了太多挫折，最终慢慢失去信心，从而过上随波逐流、不思进取的生活。事实上，这样的人，其行为的产生原因早在孩提阶段大多就已形成，并且，事实证明，他可能就因为受到了不当培育所致。

先看一个心理学试验：这个试验的对象是一只饥饿的小狗，试验地点是安装有两块木板的试验室。

第一天，木板被设置成按 A 板可得到肉丸子，按 B 板会被电击。小狗很偶然地按动了 A 板，结果得到了一个肉丸子；又很偶然地按动了 B 板，结果被电击了一下。多次尝试之后，小狗终于知道了只有按 A 板才可以得到吃的。

第二天，A 和 B 两块按板的功能调换了。小狗刚开始当然是不断地按 A 板，可是每次都得到了电击。它于是尝试按一下 B 板，咦，居然得到了肉丸子。多次尝试之后，它终于懂得了只有按 B 板才可以得到吃的。

第三天，情况又发生了变化，无论按 A 板还是 B 板，都会被电击，不再有肉丸子。小狗在努力地尝试了若干次后，终于学"乖"了，趴在地上不肯按任何一块木板。

第四天，两块木板的功能又被调整过了——随便按哪一块板都能得到吃的。但当饥饿的小狗再次进入试验室后，试验者等了又等，学"乖"了的小狗却不再做任何尝试了，甚至把肉丸子放到它的脚边，它都懒得去碰。

这个试验叫作"习得性无助"。"无助"指的是小狗什么都不愿意尝试的状态，但这种无助不是天生的，而是后天习得的。试验告诉我们这样一个道理：如果你像第三天那样，对小狗所做的任何尝试均报以电击，而没有任何肉丸子的话，小狗就不知道什么才是被鼓励的行为，因而变得无所适从，并从根本上失去自信。

孩子天生就喜欢到处探索和学习：他一睁开眼睛，就尝试着到处看；当他能控制自己的动作时，就开始喜欢到处爬，到处摸……当然，因为是"第一次"，所以就像那只尝试着的小狗一样，出错很多。如果孩子的每一次尝试成人都报以厉声呵斥"不准……"或大惊小怪地惊呼"危险！不要……"，他就好像被电击一样，久而久之，他对自己要做的事情变得不自信了，因为他不知道做完了之后大人是不是又该大声说"不"了。结果，他也许会如你所愿地变成一个"乖"孩子，哪儿也不碰，什么也不摸，但却把"自卑"的种子深深地根植于心中。

　　有的爸爸妈妈总担心表扬孩子会导致他骄傲，便总用批评的语气。于是孩子就会失去信心，变得茫然，进而会觉得自己什么事也做不好。

　　有的家长因为孩子以前没有做好，就认为孩子一直不会做好，进而凭自己一种主观的判断认为孩子永无出头之日，对孩子不抱希望。对孩子做的事情熟视无睹，既不批评，也不肯定。长此以往，孩子的行为没有了标准，他就会变得麻木，对世上的一切都没有了兴趣。这样的孩子长大后，遇到一些困难，就容易产生"破罐破摔"的消极行为。

那么,应该怎么做才能让宝宝从小就杜绝这种情况发生呢?

1. 鼓励孩子去探索

心理学家认为,之所以产生这种"说你行,你就行,不行也行;说你不行,你就不行,行也不行"的现象,就是孩子长期受到这些话的影响,在心理上形成了正面或负面的自我评价,久而久之,就会固化成他们的行为特点。

当宝宝到处探索和尝试的时候,只要不是极端危险的和损害别人的行为,就不要横加指责或制止,而应该对孩子敢于尝试的行为予以鼓励和帮助,积极的评价会让孩子对自己充满信心。

2. 培养孩子的自主能力

当你在做家务,而孩子总想跃跃欲试时,请别对他说:"不行!你太小,洗不了!"假如孩子总来抢你扫地的扫把时,别简单地拒绝:"去去去!越帮越忙!"而是给他一个小扫把,让他扫个够,即使他真的把地扫得一团糟,也不必太计较,在赞扬了他"真能干,会帮妈妈扫地了"之后,再悄悄地把脏地收拾干净;孩子要吃大蒜、辣椒,不用担心他被辣着,在经过尝试后他自然会选择以后还要不要吃;孩子去摸仙人掌,用不着告诉他上面有刺,只是在他大喊疼痛的时候对他说:"你真棒,发现了仙人掌会刺手。"

3. 失败时要及时给予情感支持

孩子第一次漱口,结果把水都咽到了肚子里。面对沮丧的宝宝,你可以说:"没关系,第一次难免会咽进去,妈妈小时候也总这样。"孩子试着自己折飞机，却没办法让飞机飞起来，你可以建议说："把头弄尖一点儿试试。"切忌在孩子失败的时候挖苦他，那会熄灭他的探索热情；也不要在孩子失败的时候可怜他，那会使他丧失克服困难的勇气。

4. 对孩子的尝试予以启发和建议

如果孩子出于好奇把小闹钟给拆了，先别着急责备他，而是问问他："你想知道什么？可不可以试着自己再把闹钟装上？"孩子看动画片入迷了，与其为此而发愁，不如在网上下载一部动画片，一起给动画片配音玩。要是孩子哪一天说"我可不可以不吃饭"，完全可以让他试一次看看！

如果你的孩子有自卑的人格倾向，唯一的办法就是停止对他进行"电击"——作为家长的你不再动辄对他所做的事情指责、挑毛病，而是适当多给些"肉丸子"——只要他做就给予鼓励。

与反抗性强的孩子如何沟通

"吃饭前要洗手……吃完饭别立刻就去睡觉……穿上睡衣……该上床睡觉了……睡觉前不能再喝甜甜水了……快睡

吧……"孩子要按自己的意愿行事，可是家长要求孩子"要按我的方式行事"，于是，矛盾就不可避免地发生了。

责备、谩骂、威胁、命令、说教、警告、控诉、比较、讽刺等，这是不会沟通的家长常用的方式，结果都是收效甚微，甚至是伤害孩子。那么，在沟通中，在面对反抗性很强的宝宝时，家长应该如何沟通呢？

1. 要接纳孩子的情绪。如：我知道你刚才在床上玩得很开心，不想在玩的时候去扔垃圾。

2. 用中性的语言不加评价地描述孩子的想法、行为或要求。如：但是你把苹果核和蛋糕渣弄得满床都是。

3. 表述家长的看法或告诉孩子他的想法、行为或要求给家长带来的困扰、感受和状态。在这个步骤，孩子可能会为家长着想，自觉让步。如：这样把干净的床单弄得好脏，床单不高兴（3岁前的孩子会认为任何东西都是有生命的），妈妈也很不高兴，因为我还要给床单洗澡。

4. 必要的时候，提出期望。如：妈妈希望你现在和我一起把床单上的东西收拾到垃圾桶去，我们一起来吧！

这个沟通公式就是：接纳→行为→感受或看法→期望

以上是在孩子做了不符合规范行为时候的沟通方法，那么，如果让孩子主动去做符合规范的事情该怎样做呢？下面有4个方法和妈妈们分享。

1. 以孩子喜爱的方式进行提示

如孩子到了睡觉的时间却还在迷恋看动画片，你可以模仿机器人走路的样子和说话的声音，对他说："先生您好！机器人提醒您，现在是睡觉的时间了！"这个方法避免了无休止的唠叨，能够通过传达愉快的情绪，调动孩子的积极性，提醒他去做应该做的事情，便于孩子接受。

2. 夸张错误行为导致的痛苦

有时候孩子不去做某件事情，是因为"痛苦"不够。但是你要是给小孩子讲大道理他是听不进去的，尽管大道理中有你

添加的痛苦的成分存在。假如孩子还要吃糖，你对他讲："吃多了糖将来会长蛀牙，让你牙齿掉光光，你就吃不了饭了。"这样说是没效果的。你不如假扮医生，让他张开嘴巴，用很夸张的声调说："哇，不得了！你吃的糖在牙齿上变成小虫子了，正在你嘴巴里呢！如果你不再吃了，它就会消失的。"也就是说，你要给那些很小的孩子当下的痛苦、现在就能感受到的痛苦，你不要说未来有多么痛苦，不要说吃冰激凌会拉肚子吃药打针，小孩子是没办法如此理性思考的。

3. 制造当下的快乐

这个道理和上面的一样，比如孩子爱看书识字，那么可以一边教他，一边告诉他："只要你将这些字学完，就可以自己来看旁边的这本图画书了。"这样，当下的看书识字就会成为一件很快乐和很有希望的事情。当然，痛苦法和快乐法可以单独运用，也可以合并使用。

4. 转移注意力

如果孩子为了得到一件你不想给他的东西而哭闹时，可以转移他的注意力，这也叫作打断惯性。这个时候，你可以给他讲一些他从来没有听过的故事，或者用什么别的东西吸引他，让他从目前这个情绪中摆脱出来。过一会儿，孩子就会忘记刚才哭闹的事情了。

孩子越小越需要积极暗示

孩子年龄越小越容易受到暗示的影响。什么是暗示呢？暗示是指通过语言、手势、表情等施加心理影响的过程。暗示的结果是使受暗示的人在心境、情绪、兴趣、意志方面发生变化。暗示教育最大的特点就是"暗"。因此，智慧的妈妈要注意在潜移默化、不知不觉中影响孩子稚嫩的心灵。

但是，在生活中我们可能会看到这样的现象：有的父母对自己调皮的孩子"不上进"感到很焦虑，经常对孩子说："你瞎了吗？这样的东西都看不见？"或者"你聋了吗？我讲的话你都听不进去？"这样长此以往，可以预见的是：这个孩子将来在他的视觉或听觉方面肯定会有心理障碍，或者是看不全充足的颜色，或者是听不清充足的音色。这就是消极暗示的影响。

而积极的心理暗示带给孩子的是积极的认识和体验。与说理教育相比，暗示教育能融洽妈妈与宝宝之间的关系，含蓄而委婉，避免说理教育给孩子带来的压抑感和逆反心理，使孩子于无形中养成良好的道德认识和行为举止，以及坚强的情感意志。

　　那么，如何对孩子进行积极的心理暗示呢？简单来说，对孩子积极的心理暗示可以理解为对孩子的希望和期待。

　　在宝宝很小的时候，他就相信他有成就一切的可能。从人的潜能来说，人确实有实现一切的可能性。只不过成年人失去了开发自己的热情而对此表示怀疑罢了。但是请不要怀疑宝宝，更不要打击小宝宝的积极性。心理学上有所谓的"皮格马利翁效应"，这个效应如果放在育儿教育上，其含义是：父母若以正面的信念期望孩子成为什么，将来孩子就会成为什么。萧伯纳在他90岁寿辰时说过："要记住，我们的行为不是受经验的影响，而是受期待的影响。"

　　因此，假如你希望孩子将来学富五车，就要孩子多接触"博士"的概念，给孩子多灌输关于"博士"的感性素材，让他观察博士特征的衣服、帽子，平时在电视里一旦出现博士的信息，要及时指认给宝宝看。慢慢地，宝宝就会对"博士"这个概念的认知越来越强烈，"博士"将来就可能成为宝宝的一个奋斗的目标。但是在这个过程中，父母对孩子将来能成为"博士"的期盼越强烈，孩子才越能去实现这个目标。当然，如果将来孩子自身有强烈的梦想，与家长的期望有所矛盾，还是应该尊重孩子的意愿。

积极的心理暗示还包括间接地夸奖孩子、表扬孩子、鼓励孩子，给孩子指明前进的方向，在孩子的心里形成一种"我能行"的信心和"我要行"的动力。

你可以在给别人打电话时（当然是孩子能听到的情况下），故意夸孩子最近取得的进步，如"小宝现在能自己拿筷子吃饭啦""和小朋友玩的时候，小宝能知道照顾年纪更小的小宝宝了"。或者客人到家里来做客时，可以把宝宝画的画、会认识的字卡等拿出来，在客人面前夸奖孩子一番，从而激励孩子更加喜欢去做这些事情。还可以带孩子参加一些亲子活动，鼓励孩子参与一些竞技比赛，夸奖孩子做得好的方面，让孩子通过事实证明自己确实是"很行"的。

积极暗示还包括一些非语言的行为。这些暗示用不着任何语言，就可以对孩子产生良好的影响。如妈妈的一些神态表情和行为举止都会在润物细无声的教育中滋养孩子的心灵。当孩子独立完成一件事时，妈妈可以给孩子赞赏、肯定的眼神，让孩子体会到成功的愉悦；当孩子遇到挫折时，妈妈可以给孩子鼓励、安慰、爱抚的目光，让孩子感受到勇气和力量。如果孩子不排队，你不用说什么，只要自己排好队，孩子自然就会模仿；如果孩子乱扔垃圾，你只需蹲下去捡起来再扔到垃圾桶里，孩子以后也会培养起这个好习惯。

积极的心理暗示能够很好地将孩子的不良情绪予以转化，这就很好地为亲子关系建立了基础，在这样积极心理作用的影响下，孩子与父母之间的关系也会更为健康、亲密。

有效倾听是沟通的前提

要想让孩子对你说出他的心里话，你的有效倾听很重要。有的家长可能会认为，倾听有什么难的，我每天不都在听宝宝说话吗？实际上，倾听并非这么简单。

先看一个生活场景：

3岁的乐乐看到爸爸妈妈下班非常高兴，手舞足蹈地要与他们分享今天看到的书上的故事。但是他说话不清楚，表达上很吃力，还没说完，爸爸就笑着进卫生间洗手去了，而妈妈则一头钻进厨房去做饭了，留下乐乐一个人站在沙发上说着。小家伙看到爸爸妈妈都做其他的事情去了，就噘着小嘴在沙发上坐下来，玩起了玩具。

乐乐爸爸妈妈的行为，无疑是让孩子闭嘴的无声命令，孩子怎么能感觉不委屈呢？以后还会爱和家长说话吗？当宝宝有向你倾诉的需求时，你是否很好地满足了他呢？恐怕更多时候是只顾自己畅所欲言，让宝宝这样做那样做，但是这样的情形发展下去，就会演变成常见的沟通误区——说教。实际上，孩子也有渴望交流的愿望，他们也希望自己的话能被好好地倾听。

孩子的观点往往与大人是不同的，但是由于这阶段的宝宝在语言表达上还不太流利，家长往往缺乏足够的耐心，不等听完孩子的话就打断、走开或者发火，把孩子对某事的看法说成是小题大做，或者嘲笑和讥讽孩子的某些奇特的想法。这样的沟通模式都会让孩子的内心很受伤，慢慢变得封闭起来，不愿意再与家长敞开心扉。

记得我家小宝刚上幼儿园的时候，刚开始很喜欢去，后来有一天却说什么也不愿意去，背着书包蜷缩在沙发一角就是不肯动。眼看要到幼儿园关门的时间了，我非常着急，大道理讲了一箩筐，宝宝就是不动。后来我想起应该学习体会她的感受，去共情，才能让她说出不想上幼儿园的原因。深呼一口气，让自己焦急的心情放松一些，走近宝宝轻声说："小宝好像不想去幼儿园啊！"小宝噙着眼泪说："嗯！""在幼儿园发生了什么不愉快的事情呢？"边说边过去把小宝搂在怀里，她终于

"哇"一下哭出来说："其他小朋友都有画笔，就我一个人没有！"知道了她不想上幼儿园的原因，我就有了办法，但是，如果用粗暴、强制、讲大道理等方式，我想我是不可能让宝宝说出自己的心里话的。因此，和宝宝沟通时，一定要注意克制冲动和自以为是的想法。

孩子要跟你说话时，你应该放下手头的事情，全神贯注地听孩子讲话，这能让孩子体会到你对他的尊重和鼓励，觉得你很在意听他说话，这样才能愿意和你说出他的心里话。

沟通时还要注意自己的表情和身体语言。如果孩子在和你说话时，你面无表情，或是背对着孩子，孩子恐怕以后不会跟你讲心里话了。因此，家长应表情柔和、平静，眼睛看着孩子，或坐下来，面对着孩子，身体微微前倾。这样，孩子才有心情对你讲他的世界里的苦恼和欢乐。

在孩子说话的过程中，你不仅要表情专注，还应适时地点头；或是用"哦，这样啊""是的"一类的话语来表示自己在认真地听。如果孩子有些迟疑或者停顿，你可以用"之后呢""后来怎么样了呢"来引导孩子说下去。

对于一个 3 岁前的表达不顺畅的宝宝，一定在倾听时保持足够的耐心，引导孩子把事情说清楚、说具体。千万不要训斥孩子"什么事情都说不清楚"，或是着急，"到底出了什么事情"那样的话，孩子以后也会害怕和你讲心里话。这个时候认真倾听孩子说话，不仅能加强你与孩子的亲密感，还能锻炼孩子的口头表达能力，因此，这是十分重要的。

被吓唬的孩子问题多

对于哭闹、不听话的孩子，很多妈妈都有 个比较好用的撒手锏，那就是：吓唬孩子。

"你再哭，大灰狼听见了就会来吃你！"

"别乱跑，要是碰见坏人就把你带走了！"

"你再不听话，警察叔叔就来把你抓走！"

一旦听到妈妈说这样的话，宝宝立刻被吓得老老实实，效果真是立竿见影，这让妈妈心生得意，感觉这个办法百试不爽。

可是，吓唬孩子给孩子带来的不良影响是很严重的，一位早期教育专家说："不要让孩子的心灵装进恐惧、忧虑、悲伤、憎恨、愤怒和不满，这些情绪和情感有害于孩子的神经，引起身心虚弱，影响身体健康。"具体来说，吓唬孩子至少有以下4种害处，妈妈要注意了：

1. 会增加宝宝的精神压力和恐惧心理

什么被大灰狼吃掉啊，被坏人带走啊，这些想法盘旋在孩子的头脑里，会直接危害孩子的身心健康。很多孩子在夜里经常做噩梦、睡不稳当，都是被"吓"的。

2. 容易让孩子形成软弱的性格

经常被吓唬的孩子都会胆小、软弱，遇到事情畏首畏尾、优柔寡断，不利于培养孩子坚强的性格。

3. 造成错误认知

吓唬孩子的话，很多都是在着急的时候顺口说出来的，比如"你不听话，警察叔叔就把你带走""妖怪来吃你"。这些话不符合情理，也不符合生活常识，会给孩子带来错误的认知。

4. 自毁在孩子心目中的形象

那些吓唬孩子的话因为根本无法兑现，久而久之，孩子就知道这是骗人的话，以后也很难相信家长。

因此，用"吓唬"的方法教育孩子是弊多利少的，若孩子经常被恐惧感占据心灵，精神就容易受创伤，发展下去，还可能会引起口吃、遗尿、失眠、智力发育迟缓，甚至患精神官能症，影响孩子心理的正常发展。

对于 1~2 岁的宝宝来说，由于他们缺乏生活体验，不知道外界有些事物会对自己造成伤害。因此，对于这个时段的孩子根本不需要用"吓唬"这种低级的办法，而是应该采取诱导或转移注意力等方式。因为他们十分相信父母，一般情况下是愿意接受父母的教育和劝导的。

2~3 岁的宝宝正处于叛逆期，这个阶段很多家长可能会用到"吓唬"这个方法来让孩子听从自己。但是，了解了吓唬孩子带来的害处之后，我想你一定会摒弃这个做法了。

但是，已经被你吓得胆小的孩子怎么办呢?

你要细心观察孩子害怕什么，设法从心理上去消除他的恐惧感，克服紧张情绪。如孩子怕黑暗不易入睡时，可以告诉他，白天和晚上是一样的，没有什么可怕的；平时可以和孩子一起关了灯看电视、听音乐，在黑房间做游戏，使他将害怕的事和愉快的事联系在一起；入睡前可将灯一时开，一时关，让孩子把屋子探个究竟，逐渐接受黑暗，慢慢地，他就会习惯独自在关灯的房间里睡觉。

读懂孩子的真正心理需求

宝宝日常表现出生气样子时，有时不论怎么哄逗他也不起作用，这往往是大人不懂孩子的心理需求造成的。对于 0~3 岁的宝宝来说，除在生理上要满足吃好、睡好，生活有规律，环境清洁卫生以外，还要满足他们心理上的需求。

6 个月之前的宝宝，心理需求会通过表情和身体语言来表达。大致归纳为：微笑代表兴奋愉悦；瘪嘴是啼哭的先兆，实际上是对大人有所要求，比如肚子饿了要吃奶、寂寞了要人逗乐等；噘嘴、咧嘴或者表情显得“一本正经”则代表要小便、大便；眼神无光多为身体不适、有病的先兆；玩弄舌头或吐气泡表示他自己已经懂得自娱自乐了。

6个月至1岁的宝宝，除可以用面部表情来表示自己的意愿之外，还会以各种动作来表示自己的思想感情。比如6个月时宝宝会张开双臂扑向妈妈，要求搂抱、亲热。而如果陌生人想要抱他，则转头将脸避开，表示不愿与陌生人交往。7~8个月的宝宝会以拍手和笑脸代表高兴，以点头表示谢谢，对不爱吃的食物以摇头代表拒绝。9~10个月的宝宝如果想出门玩，会用小手指着门的方向发出"嗯嗯"的声音，也会用小手拍拍自己的头，表示让妈妈帮他戴上帽子。

2岁以后的宝宝，心理发展得更为丰富，希望每天早上都能看到父母的笑脸，开始心情愉快的一天。如果爸妈都着急上班，早上慌慌张张的，只顾赶时间，对不爱起床的宝宝情绪不好，给孩子的感受到的不是亲切而是烦躁，看到的不是笑脸而是紧张厌烦的表情，孩子接受了不良的刺激后，就会情绪消极，心理不安，影响他一天的正常生活。

3岁之前的宝宝都对父母特别依恋，总想和父母亲近玩耍。因此，如果父母都上班，回家后应该多一些时间来陪伴孩子，讲讲故事、做做游戏，并且和孩子多一些身体上的亲密接触。如果宝宝一心想和爸爸妈妈亲近，结果却感受到父母的冷淡和不欢迎，宝宝肯定会难过和沮丧，发脾气哭闹也是在所难免的。有的爸爸妈妈埋怨宝宝不乖，老"作"、老"磨"人，却没有

想到原因其实就在父母自己的身上。

　　有的宝宝为了得到父母的关注，甚至会故意把房间弄得乱七八糟，把东西故意打烂，有的还会反复强调自己的不舒服，如"我肚子好疼""我被虫子咬了""我生病了"，其实这些状况都不是实情，而是孩子想引起父母关注的信号，孩子是想通过父母对他们的关心感觉到自己的重要。

　　2岁前的孩子基本上都是接受和服从成人的安排，可是2岁之后，孩子慢慢有了自己的意志，在尊重需要的支持下会表现出自主性行为，也就是不再依赖他人给他做的选择和判断，他们会自己选择穿哪件衣服，霸占电视只看动画频道，把爸妈的要求都当作耳旁风。也许在成人看来，宝宝的理由根本站不住脚，甚至他们的标准难以捉摸，但是宝宝们都要坚持自己的主张。

而一旦家长真的严厉起来，他们的反抗能力也是很有限的。但当家长表现出一些退让，他们就会继续捍卫自己的选择。实际上，这也是在捍卫自己作为一个人的尊严的标志。因此，要尽量尊重孩子的选择和意愿，毕竟，这是属于他自己的人生。而从某种意义来说，人生就是一个选择的过程。

解决孩子的任性问题

妈妈们面对孩子的任性有时候很头疼：你带他去超市采购，他看上一个东西非得要拥有，你不给他买，他就躺在地上不起来；大冬天的，看到图画书上画着冰激凌就非得要立刻买来吃，你说什么他都听不进去，就是一个"我要"；看到别的小朋友买了一个比自己玩具飞机大的，他就非得让妈妈必须也买一个一模一样的，要是不买，就一直哭个不停……面对这些情况，妈妈们有些为难：顺着他吧，恐怕会惯出毛病；不顺着他吧，这样哭下去会不会哭坏？

事实上，2~3岁的孩子，正处于快速成长阶段，孩子的任性是对紧张状态的一种反应，宝宝的任性是他心理需求的一种表现，与父母的娇惯没有必然的联系。

随着宝贝的成长发育，他们接触越来越多的事物，这些事物带给宝贝很多意想不到的困惑，为了解开自己心头的疑问，宝贝总希望通过自己的方式来解决问题。对一切事情都想亲力亲为，弄个透彻。这原本是好事，但是，这种"亲力亲为"的行为，往往会不合情理、不合时宜地表现出来，这就导致了我们所说的任性。如刚提到的那个非让妈妈买一模一样玩具飞机的小宝宝，他可能发现人家的玩具飞机和自己的不一样，急于

探究这种区别存在的原因，于是便坚持要妈妈给自己买一个一模一样的玩具飞机来延续自己的探索活动。但是，在大人看来，只看到了对方小朋友的玩具比自己宝宝的玩具大，宝宝是由于"贪心"才去"攀比"。

我们除要识别宝宝任性的原因外，也要恰当地处理宝宝的任性。对宝宝的这种任性行为既不可唯命是从，也不要断然拒绝，而是要根据当时的实际情况采取不同的措施区别对待，毕竟这也是宝贝的一种心理需求，应该得到尊重。具体来说，我们可以通过以下的方法让孩子减少任性的行为。

1. 事先做好约定

你应该对要发生的事情有个心理预期，如果要上街，宝宝很可能会要求你抱着他；如果去超市，宝宝很有可能因为看上某个东西而哭闹；如果要上朋友家玩，宝宝很有可能去翻看人家的东西或者要吃的。了解了这些规律，做好了心理预期之后，在离家之前，就要和宝宝"约法三章"，预防他任性的发作。如："今天上街不要让妈妈抱，如果宝宝累了，告诉妈妈，我们可以找一个地方休息之后再走""今天我们去超市，妈妈只是去买一桶油，其他的东西是不能买的""到了叔叔家，如果想吃什么要征得妈妈同意"等。有了事先的约定，宝宝一般会遵守自己的承诺。

2. "食言"之后冷处理

虽然有了事先的约定，但是有时诱惑太强了，宝宝就会"食言"。到了超市，本来说好了只买食用油，可是他忽然发现了五颜六色的糖果，于是就开始要你买。这个时候，你最好遵从刚开始的约定，无原则地顺从孩子只会让他的任性加剧，没有规则的限制，孩子就会认为他想要的就必须得到。

可是孩子已经哭闹了，怎么办呢？这时候你可以把约定的事情再重复一遍，之后稍微离开，而不是哄孩子，但要注意让孩子在自己的视线范围内。没有妈妈在身边关注他，他会感觉无趣；孩子哭了一阵发现妈妈不在身边了，也会慌张。当然，你也可以选择站在他身边陪伴着他，一直等他哭累了，再继续走，不必说什么。

你坚持这样的冷处理方式，会让孩子知道他利用哭闹这些手段是不能打破事先的约定的，以后就会慢慢地放弃哭闹这些手段。孩子心里其实是知道该要什么不该要什么的，但是如果你表露出心疼、怜悯或者担心尴尬而迁就他，那么他就会越发有恃无恐，也会变成一个不遵守承诺的人。

3. 适时转移注意力

这种方式比较适合低幼阶段的孩子，可以利用孩子注意力容易分散、容易被新鲜事物吸引的心理特点，把孩子的注意力从其坚持的事物上转移到其他有趣的物品或事物上。比如孩子有时拒绝吃饭，这是家人一些不当的做法造成的，尤其是一些老人，在喂孩子吃饭的时候哄着捧着，甚至在后边追着喂孩子，让孩子感觉吃饭是一件任务似的。如果孩子不想吃饭，就不要勉强，可以先和孩子聊天，投其所好地问："宝宝想不想早点长大个子啊，想不想和小区里的某某姐姐一样高啊？"宝宝肯定说"想啊"（你已经对宝宝的想法有一定的了解了），之后你就可以假装漫不经心地说："听说好好吃饭能长大个！"慢慢孩子就会好好吃饭了。

4.适当的惩罚

有时候单靠正面的教育是不够的，适当的惩罚也是一个很有效的教育手段。还是关于孩子吃饭的例子，到了吃饭的时间，大家都坐在餐桌上吃饭，但是宝宝在客厅玩玩具，怎么叫他过来吃饭他都不来吃，这种现象恐怕也是有些妈妈经常遇到的。孩子不养成按时吃饭的习惯，会非常麻烦。

因此，如果坚持不过来吃饭，索性就不管他，等他想吃的时候告诉他，现在已经过了吃饭的时间，必须要等到下一顿饭的时间才能吃，不论孩子怎么哭闹也要坚持到一下餐的时间。有了一次挨饿的经历，再次喊他吃饭的时候，他就会及时过来。

当然，用这种方法，妈妈要"狠"下心来。

第五章

让宝宝享受成长中的爱与自由：
修复亲密关系不当引发的心理障碍

宝宝脱离母体后，必须适应新的环境。这一过程中，脆弱的宝宝势必会遇到或多或少的困难，而只有足够的爱才能支撑孩子完成人生的第一个变化。因此，一方面要让孩子得到充分的爱与自由，另一方面也要防止亲密关系不适所造成的心理创伤。

宝宝吮吸手指的真正原因

生活中，很多 3 岁前的孩子会有吮吸手指的现象，而且看上去还品尝得津津有味。妈妈们很担心宝宝手指上的细菌会给孩子带来健康隐患，但是，大多数家长无论训斥或者阻拦，总是很难改变孩子的这一不良习惯。事实上，要想真正改变这一习惯，首先要搞清楚宝宝究竟为什么要这样做，然后才能以科学的方式进行有效干预。

孩子吮吸手指这种现象，用精神分析的理论来解释是：宝宝出生后第一年称为"口欲期"，是人格发展的第一个基础阶段，宝宝吮吸手指，是一种性快感的表现。有些人认为性活动从青春期以后才有，但是精神分析学派认为人的性活动（指广义的，非狭义上的性交）在婴儿时期就开始了。

小宝宝吮吸手指、唾口水、咯咯地笑，并对这一切感到十分开心，这是宝宝口欲期的最初表现。宝宝的嘴巴是性的快感区，他们从吮吸母乳中，不仅满足了食欲的需要，还使得他从吮吸所产生的快感中获得了性欲的满足。妈妈的乳房是宝宝获得性快感的源泉，若过早地断奶，宝宝得不到口欲的满足，长大后，便有可能发生吮吸手指、咬指甲等神经症表现或者口欲攻击，如咬人、骂人、讽刺人、挖苦人等。从这个方面来说，有些妈妈过早给孩子断奶，对孩子的心理发展是不利的。

有些妈妈虽然没有给宝宝断奶，但是母亲喂奶时的方法不正确，或者妈妈是个急性子，总要求宝宝快快吃完，未能充分满足孩子吮吸的欲望。宝宝虽然肚子饱，但心理上还未满足，也会以吮吸手指来代替。

若妈妈由于忙碌而无暇陪伴宝宝，或忽略了宝宝与外界交流的需要，他们便会自然地玩弄自己的手指或吮吸手指来解闷，以度过无聊和寂寞的时间。

如果孩子到了 3 岁以后，依然有吮吸手指的行为，或者本来没有这样的行为，后来却忽然产生了，这说明宝宝可能有紧张和焦虑的情绪，用吮吸来满足口腔的欲望，以减少其内心的忧虑。

这样的孩子通常生活在缺少父母关注的家庭里，或者父母感情不和，家庭氛围不和谐，或者是父母对孩子的管教不一致让孩子无所适从，更有可能出现在父母离异或者亲人病故的家庭中。有的孩子刚上幼儿园时也可能会出现这样的现象。

了解了小宝宝喜欢吮吸手指的原因，妈妈们在喂奶的时候就要留意不仅需要给孩子营养，还要提供足够的爱和温暖。在条件允许的情况下，要尽可能地坚持母乳喂养，并且在喂哺时，心境要保持平和，不急不躁。

不要让宝宝独自一个人待着的时间太久，以免宝宝感到无聊而把手放进嘴里，养成吮吸手指的习惯。

当宝宝有吸吮手指的倾向时，尽量把宝宝的手指轻轻拿开，并用玩具或其他东西转移注意力。

尽量使宝宝的生活丰富起来，多陪伴宝宝说说话、做游戏、看书、讲故事等，让他总是有事可做，注意力放在这些事情上，这样他就没有机会把手放在嘴里了。

孩子入睡前，听、看有趣的东西入神时，最容易不知不觉地吮吸手指。固定孩子的手指能在一定程度上避免这个行为，例如在孩子睡觉时将他的手放在被子里，听故事、看电视时让孩子把手放在腿上，都可以避免吮吸手指。

对于已经能听懂话的孩子，家长要经常给他讲吮吸手指的害处。孩子明白了道理，自己也会慢慢改掉这个习惯。

让孩子改掉这个习惯，家长千万不能操之过急。有的家长会采取一些极端的方法，如用苦味、辣味的东西涂在手指上，甚至责怪打骂孩子。这些强制性手段大多效果不佳，不仅会使孩子产生自卑心理，还会对孩子的心理造成伤害。因此，千万不要使用。

如果你费了很多力气，仍不能改掉宝宝的这个习惯，也不用担心，一般说来，在3～6岁期间，孩子吮吸手指的习惯会自然消失。而6岁以后，这一习惯如果还没消失，可能表示孩子在环境的适应上有问题，父母就要特别注意了。

宝宝"咬人"的正确矫正

做妈妈的几乎没有不被宝宝咬过的，当小宝宝用自己的小牙第一次咬妈妈的时候，可能你还挺高兴："哈哈，宝宝长牙啦！"可是当宝宝用自己的牙齿不断地制造"祸端"，甚至给别的小朋友的脸上、身体上留下两排牙印的时候，恐怕妈妈就笑不出来了。

心理学家认为，咬人（或物）和吮吸一样是人类最原始的本能。咬人的本能深深地埋藏在潜意识中，如有的成年人在激动的时候会咬嘴唇、指甲，思考问题的时候会咬笔头、橡皮，这都是本能反射的表现。

一般来说，咬人只是一些宝宝从长牙到3岁这段时间里产生的暂时性行为。但是，宝宝咬人一方面会让爸爸妈妈觉得尴尬，另一方面被咬的宝宝的爸爸、妈妈也会感觉非常难受。因此，我们应该好好对待宝宝的"咬人"问题。

美国明尼苏达州大学教授朱迪恩·加勒德博士认为："2岁的宝宝习惯用嘴去感觉事物，这是他们了解外部世界的一种途径，也是他们自我放松的一种方式。"比如"我想知道那东西是什么味道的，咬上去会有什么感觉"。

美国心理学家奥本·史达姆博士认为："这个年龄的宝宝咬人并无恶意。这是因为刚刚学步的孩子还不懂得用语言表达他们的生活感受，所以常常喜欢通过咬人这种方式来表达兴奋和激动。"宝宝咬人并不是由于调皮捣蛋，而仅仅是由于缺乏某些技能。宝宝咬人往往是由于在与人交流的过程中觉得受挫，又不知道该以哪种合理的方式来表达自己的感受。

从宝宝的成长规律来说，宝宝咬人的原因不外乎以下4个方面，家长可以对照参考，以便更好地找到宝宝咬人的根本原因。

1.刚刚长牙

宝宝刚出牙时，还不习惯，因此会尝试在吃奶时咬着妈妈的乳头，试图摆脱新牙带来的不适。另外，宝宝吃奶时衔乳姿势不正确，觉得自己没有被抱稳，也会本能地咬住妈妈的乳头，以防止自己摔下去。

对此，当妈妈感觉宝宝咬乳头时，可以将宝宝的头轻轻地扣向乳房，堵住他的小鼻子。宝宝呼吸不畅，会自动把嘴松开。同时，为了满足他磨牙的需求，可以给他一些安全的东西来咬，例如牙胶或磨牙玩具。

2. 爱的表达

宝宝在与妈妈玩耍兴奋时，可能会咬妈妈，越让他松口，他越是咬住不放。实际上，这是宝宝对妈妈表达爱意的一种方式。有的妈妈为了表达自己对宝宝的爱，会经常吻宝宝，甚至用牙齿轻轻地咬宝宝。宝宝通过模仿学习也会这样对待妈妈，只不过力度有时候把握不好，才造成了妈妈的疼痛。因此，如果妈妈在宝宝咬自己的时候，同样"以牙还牙"，更会造成宝宝的兴奋，误以为你在和他玩，会强化他的这一行为。

对待宝宝造成的疼痛，妈妈要适当向宝宝表现出不愉快的表情，并逐步引导他用亲吻、拥抱来表达爱。

3. 负面情绪宣泄

2~3 岁的宝宝往往表现出强烈的自我中心，当他的心里感到不满时，就可能通过咬人发泄出来。比如，有时父母外出，没有带宝宝一起出去，或者爸爸妈妈忙于工作，很晚回家，他就有一种不满的情绪要发泄。于是，当父母回家之后，他会用咬人的方式来向爸爸妈妈宣泄。

因此，家长要重视与孩子的亲子互动。亲子关系不仅要注意时间，还要注意质量。亲子互动是发展亲子关系最重要的因素，因此最好每天固定一个专属于宝宝的亲子互动时间，全家一起做游戏，暂时放下工作和家务。

4. 语言贫乏

正如前文所提到的，宝宝与小伙伴玩耍时发生不愉快，就会出现咬人情况。这与他不会通过语言表达和缺少社交技能有很大关系。

由于宝宝们不懂得如何与人交往，所以他们常常用推、拉、咬等非常手段来引起同伴的注意，以此实现交往和表达意愿的目的。

因此，当看到自己的宝宝有咬人的倾向时，就要用话语或眼神严厉地制止，让他明白，你不希望他这样做。必要时家长可以上前用手捂住他的嘴巴，并对他说："咬人是不对的。你应该告诉别人你需要什么。"

家长应该认识到，宝宝咬人是属于这个时期生理和心理发展上的阶段性问题，还不属于攻击性行为。这个认识对很多家长来说非常重要，有了这个认识，家长才能更好地解决孩子咬人的问题。

当宝宝咬人后，先不要急于责怪孩子，而是要迅速拉开宝宝，拥抱一下他，然后对他说："咬人是不对的。"当宝宝咬人后，一定要先让宝宝冷静下来，再去安慰被咬的宝宝，并向他的父母道歉。把你真实的想法告诉对方的父母："宝宝咬人我觉得很不好意思，真诚地向您道歉。我会尽力帮他改掉这个习惯。"

研究证明：强度刺激也是引起宝宝咬人的最常见的因素之一，一个拥有安静的睡眠，并且睡眠充足的宝宝一般较少用牙齿咬人。因此，让宝宝玩安静的游戏，保证他充足的睡眠，可以很好地避免宝宝采取咬人的方式来发泄。

帮助宝宝克服恐惧心理

可以说，恐惧感是包括人类在内的所有动物自我保护的本能，而由于认知不够成熟，3岁以内的宝宝可能对日常很多事物产生恐惧心理，比如怕黑、怕打雷、怕火、怕某种动物、怕陌生人等。

　　事实上，宝宝每战胜一次恐惧，心理和认知上就成长了一步。但是，恐惧感过强，也会导致宝宝产生心理障碍，比如对毫无害处的动物、植物或自然现象、虚幻形象产生恐惧，会使宝宝缩手缩脚，严重的还可能导致身心疾病。

　　6个月以内的宝宝对声音的刺激很敏感，大的噪声会令他恐惧。由于不会说话，他只能通过大哭、四肢震颤来表达恐惧。这时候，家长的安抚对他来说十分重要，可以把他抱起来，轻轻拍拍宝宝的后背，哼唱一些宝宝熟悉的歌谣来让他平静，让他感到环境是安全的。

6~12个月的宝宝会对陌生人产生恐惧。因此，平常不要把孩子单独留在陌生环境中，也不可强行把孩子交给别人抱。与此同时，家长应处在孩子的视野范围内，尽量不要给孩子"单独待着"的压力。

　　迫于生活的压力，以及其他种种原因，多数妈妈会在宝宝3岁前重新工作。妈妈忽然长时间离开会让宝宝产生严重的"分离焦虑"。为了消除宝宝的恐惧心理，妈妈应该做好离开时候的过渡工作，分离的时候与宝宝正式告别，并在承诺的时间内回来，让宝宝知道妈妈的离开不是永远的，慢慢就会克服担心妈妈永远离开的恐惧。

　　还有些宝宝的恐惧完全是由大人"吓唬"出来的。面对哭闹的孩子，虽然一句"再哭，大灰狼就来吃你了"能让宝宝停止哭闹，可是后患无穷。

　　家长的过分保护也可能是宝宝产生恐惧心理的原因之一。有些家长担心宝宝和其他孩子玩时受欺负，总是不让宝宝和其他小朋友相处，结果孩子也变得胆小怕事。

　　另外，过早让宝宝接触一些像《小红帽》或《卖火柴的小女孩》这样带有恐怖和悲剧色彩的故事，也会让孩子产生恐惧心理，在大人看来无所谓的事情，但对孩子来说是个盘旋不去的阴影。

　　家长们要注意，恐惧具有传染性，如果家长经常有恐惧心理，胆小怕事的话，也会传染给孩子。因此，要让宝宝克服恐惧心理，家长自己必须先克服不该有的恐惧心理，才会给孩子增添克服困难的勇气和力量。

如果宝宝有恐惧心理，应鼓励他说出他的害怕情绪。你要完全投入地听，表明你对他的话感兴趣。即使宝宝难以清晰地表达他的害怕情绪，也一定要听他讲完，帮助宝宝解除恐惧心理。可以给他讲一些例子，讲讲你是如何认识和对待这些恐惧的。千万别戏弄或取笑孩子的这种情绪，因为那样只会促使他隐藏这种情绪，并使孩子与你关系疏远。家长要让孩子知道，你永远是他安全的避风港。

为了消除孩子一些不该有的恐惧心理，你可以尝试以下3种做法：

1. 感同身受地去引导孩子效仿

所谓的感同身受，就是告诉宝宝你小时候也跟他完全一样。所有的小孩都喜欢听父母小时候的故事，不妨通过故事告诉宝宝，你是怎么克服恐惧心理的，宝宝就会自然而然地效仿你。

2. 通过耐心解释打消顾虑

如果宝宝惧怕某件玩具或者家庭用品，你可以向他解释这是干什么用的，如何工作的；如果宝宝害怕迷路或发生意外事件，你应该告诉他怎么办，而不是否定："你不会走丢的，你不会有事的。"逃避不是办法，不会打消宝宝心头的顾虑，还不如教会他面对突发事情时该如何应对。

3. 有效的系统脱敏

心理学认为，人类的神经过敏不是先天的，而是后天学习获得的，是每个人在生活中经过模仿、暗示等学习而形成的。"过敏"既然可以由学习而得到，那么也可以经过再学习去消除、去摆脱。例如：宝宝害怕狗，可以先给他看狗的图片，再让他远远地观察真实的狗；等到宝宝能接受了，再让他慢慢接近狗；最后让孩子抚摸狗，克服对狗的恐惧。

患"恋物瘾"的孩子缺乏安全感

3 岁的楠楠每天都抱着他那个已经掉毛严重的玩具小熊，一刻也不离手。在妈妈的记忆里，他大概从 2 岁开始就有了这样的习惯。如果你跟他要这个小熊，他说什么都不会给你。倘若你强行从他手里夺过来，他就会拼命反抗，哭闹不止。不管你如何哄劝利诱，都不能让楠楠放下他的小熊。即使是在睡觉的时候，他也会把小熊搂得紧紧的。

这让楠楠的妈妈很担心，除那只玩具小熊以外，楠楠没有对任何其他的人和事表现得如此依恋。他好像很难适应新的环境，也不愿主动和小区里的小朋友说话、游戏，唯一喜欢做的就是躲在角落里抱着玩具小熊自言自语。家长很担心，尤其妈妈看着更是焦虑，这样下去，孩子必然会脱离社会而越来越孤僻。

生活中，楠楠这样的行为并非个案，他患上的是儿童"恋物瘾"。除对自己的某一个玩具有特别的感情之外，有些宝宝对自己的枕头、妈妈的某个身体部位也有类似的依恋。简而言之，宝宝恋物就是一种成长过渡期的依恋行为，是宝宝在"完全依恋"转为"完全独立"的过渡期间所产生的行为。

宝宝产生依恋行为的时间，一般发生在 0.5~3 岁，其恋物表现在 2 岁时最为强烈。为什么宝宝会迷恋这些物品呢？因为它们是宝宝心理安全感的依靠，尤其在白天变成黑夜、宝宝想睡又怕失去知觉时，不安全感就会大大增加，此时某些物品对宝宝来说就非常重要。

对于出生几个月的小宝宝来说，他们对妈妈的乳房和奶瓶非常依恋，因为这时候，吃是宝宝最基本的生存需求，一旦这种需求无法得到满足，那么宝宝就会对与吃有关的物品格外关注，进而寻找一种替代性的满足。

小宝宝长大一些后，他要寻求自己能够完全掌控的物体，以此来满足心理上的安全感时，指头、玩具或拳头便成为最好的选择。伴随着小宝宝对基本需求的生理满足，这些物品也能让小宝宝更加愉悦，帮助他尽快把糟糕的负面情绪排解掉。

除那些能带来熟悉味道的物品之外，宝宝对某些物品的触感也非常在意，因为这种感觉能传达出令人心安的信息，比如安抚性奶嘴、奶瓶、毛巾、毛毯、被子、枕头和毛绒玩具等。

除具体的单个物品之外，主要照顾者的身上部位也常成为宝宝一再光顾的地方，如脸、耳朵、手、头发等。比如我的女儿在睡觉的时候，一定要用双手捧着我的脸才能入睡。

宝宝的这些依恋行为，有时会随着年龄增长慢慢消失，但是如果像楠楠那样一直过于依恋某一个物品，并且对社会交往产生了一定的回避倾向，就有可能患上了"恋物瘾"。

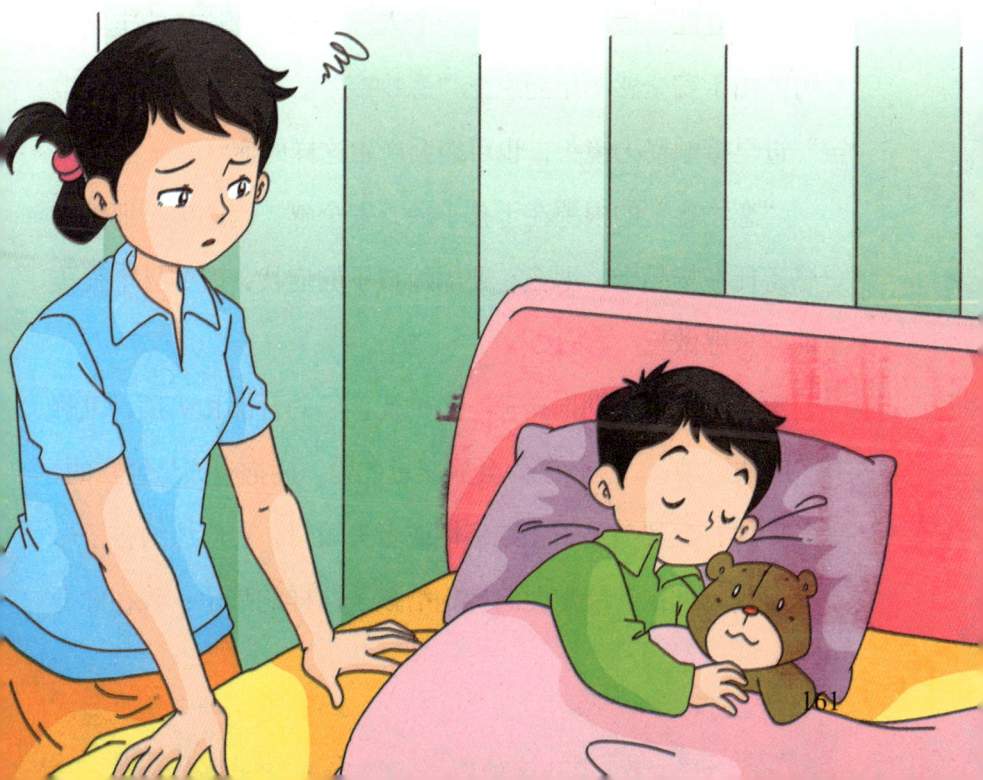

儿童的这种"恋物瘾"是一种离了某一样东西就忐忑不安的行为，会使他怕见生人，回避集体活动，不敢与人说话和交往，胆怯退缩，表情淡漠。有关专家研究表明，该"恋物瘾"大多是因为安全感匮乏所引起的。

　　事实上，儿童"恋物瘾"就是孤独症的一种轻微表现，这样的孩子会表现出敏感退缩、忧郁脆弱的人格特征。

　　"恋物瘾"的孩子容易出现在过于重视教育，而忽略亲子互动的家庭中，这些家长认为只有孩子"学习"才是正经事，而玩耍就是浪费时间；也有可能出现在家长都忙于工作，将孩子长期托付给全职保姆的家庭里。

　　另外，现在有的家庭条件很好，住房宽敞，为了早日培养宝宝的独立性，很早就让宝宝一个人独立睡觉，这样的宝宝也有可能由于安全感不足而患上"恋物瘾"。还有一些"电视宝宝"过早接触暴力镜头，也可能会产生这样的症状。

　　"恋物瘾"的根源在于孩子缺乏安全感，因此他把那份安全感寄托在物品上。那么，要消除孩子的症状，就要从增强孩子的安全感做起。

　　家长平时要多拥抱孩子，多拍抚孩子的背部和头顶，以解其"皮肤饥饿"，让孩子体会到父母的爱。拥抱应该是经常的、无条件的，尤其在孩子感觉害怕或者失败时，更应该给孩子一个充满爱的拥抱。经常性的拥抱给孩子这样的暗示：我在你身边；我爱你；别怕，有我呢；失败了不要紧；你很安全……慢慢地，孩子就不会将某一个玩具当成自己的精神寄托了。

家长应该多和孩子沟通，多花些时间和孩子在一起，并多带孩子到公园、游乐场让孩子开阔视野、与外界交流，避免让他沉溺在自己和所恋物品的狭小天地里。

孩子的心理和行为很容易被周围的小朋友影响，因此，家长不妨多给孩子创造与其他小孩接触交流的机会，让他有自己的同龄朋友，这样也可以让孩子的性格更加开朗一些。

就算孩子独处一室，也应该在宝宝睡着前一直陪伴左右，等到他睡熟了再离开。孩子本能畏惧噩梦和黑暗，所以硬将孩子与父母分开，是孩子很难接受的一件事。很多孩子就是在入睡前的害怕不安中染上"恋物癖"的。

提醒家长朋友们，对于宝宝的"恋物癖"，我们应该逐渐向孩子输入安全感，让孩子慢慢自动放弃恋物行为，而不应该强行将宝宝依恋的物品夺走或者丢掉。

宝宝哭得上不来气时怎么办

我们经常听一些家长聊起自己的孩子，说孩子脾气大得出奇，一旦不顺心就能哭得喘不过气来。看着孩子因为呼吸不畅而把脸憋得发青，家长简直被吓得半死。

这种情况确实存在，而且也不是个案。很多家长为了不让宝宝因哭闹而发生这种现象，想出了各种方法，甚至一再向宝宝妥协。

究竟什么原因导致宝宝出现这种情况呢？这会不会对宝宝的身体造成损害呢？总是顺从，会让孩子养成娇惯心理，可是不顺从孩子，又该怎么办呢？

宝宝的这种现象叫作"屏气发作"，是婴幼儿时期的一种神经官能症。婴儿 6 个月前少见，最多见于 1~3 岁的幼儿。每当宝宝受到物理因素（如疼痛）或情绪刺激后（如痛苦、恐惧、发怒或受到挫折）即高声哭叫、过度换气，接着就屏气、呼吸暂停、口唇发紫、四肢强直，严重者可能短时期意识丧失（昏厥）及四肢肌肉阵挛性抽搐，整个过程持续约 1 分钟。

"屏气发作"结束后，孩子全身肌肉放松，呼吸恢复，大部分孩子神志恢复或短暂发呆，也有立即入睡的。随着年龄的增长，宝宝发作的次数也会减少，通常到 3~4 岁时，症状就会消失。

这种情况发生时，症状有点像癫痫发作，很多家长非常担心。实际上，"屏气发作"和癫痫很容易区别，"屏气发作"前，宝宝会先有哭泣，然后宝宝在失去意识之前脸色先变青；如果是癫痫，通常没有任何预兆，而且宝宝在发作之前，脸色也不会转为青色。

屏住呼吸的情形，在婴幼儿中发生比例约为 20%，但绝不足以造成任何脑部伤害。

预防孩子屏气发作，家长应及时了解孩子的情绪变化，尽量避免情绪方面的刺激；还应该让宝宝得到足够的休息，因为休息不够容易使宝宝爱动肝火。

对于爱使性子的宝宝，家长可以在宝宝使性子以前，想办法让其平静，可以利用音乐、玩具或其他转移注意力的方法（禁用食物，否则会养成另一个坏习惯）。

宝宝一旦有发作倾向，家长应该及时安慰宝宝，或把宝宝抱到室外，换一个环境或许就能缓解宝宝的情绪。如已经发作，爸爸、妈妈要冷静处理，焦虑只会让事情更糟。

事实上，如果宝宝发现自己用这"招"让爸爸妈妈大惊失色，就会利用自己的这个"撒手锏"来控制父母。因此，如果宝宝屏气发作时，家长要适当地克制一些，比如不要刻意注意他，不要去迁就他，否则就等于间接鼓励孩子继续保持这个习惯。

　　不过，在孩子屏住呼吸这段时间内，父母还要注意观察孩子会不会跌倒而伤害到自己。但是，要让孩子明白，用这种方式要挟父母是行不通的，这个分寸火候要拿捏住。

　　绝大多数的屏气发作不超过1分钟，但如果宝宝反复出现较为严重的屏气发作很有可能造成脑细胞受损害，对宝宝的智力发展有一定的影响。宝宝屏气发作时间过长，会造成大脑暂时性缺氧，很可能导致宝宝意识丧失，四肢痉挛性抽搐、大小便失禁等危险症状，这时应及时送孩子去医院抢救。

要注意，当家长发觉孩子有以下症状，就不是简单的屏气发作了，要及时带宝宝就诊：

第一，孩子在没有发脾气的时候突然停止呼吸；

第二，在昏厥或睡着的情况下，而不是在完全清醒着的时候屏住呼吸；

第三，屏住呼吸时肌肉同时出现痉挛、抽搐现象。

总之，要多观察孩子情绪变化而带来的生理性变化，同时，更多以平和的心态陪伴孩子，避免自身的不良情绪刺激到孩子。

解密宝宝的撞头行为

有家长反映说，自己的宝宝有撞头的行为。这到底是怎么回事呢？这是不是一种病呢？

实际上，撞头是宝宝的一种常见行为，是健康宝宝正常的生理反应。有数据统计，有多达20%的宝宝会故意撞自己的头，其中，男宝宝撞头的概率要比女宝宝大很多。

有的宝宝会随时随地摇头晃脑；有的会将后脑勺或前额向床沿、墙壁撞去；有的宝宝会不停地在床上翻滚摇动，直到头部顶到床边为止；有的宝宝则有事没事猛打自己的小脑袋。宝宝对自己头部的"自虐"可算是花样繁多。

一般来说，宝宝的这些有节奏的动作通常出现在 6 个月之后，在 1.5~2 岁时达到高峰，到 3~4 岁时慢慢消失。那么，是哪些原因让宝宝有撞头的冲动呢？

1. 转移自己的注意力

如果宝宝感到疼痛，就可能会撞头。撞头似乎能让宝宝感觉好些，这或许是因为这样能把他们的注意力从身体其他部分的不适感上转移开。

2. 自我安慰

大多数宝宝撞头仅仅是为了放松自己的情绪。宝宝会有节奏地撞头，像跳慢四一样，在要睡觉的时候，夜间醒来的时候，甚至在睡梦中都会有撞头的状况发生。从这方面来看，撞头是宝宝自我安抚，帮助入睡的一种方式。

3. 情绪失落

人在情绪失落的时候都需要宣泄，宝宝也同样，但是他还没有用语言来表达内心的能力，宣泄的途径很有限，只有这种身体行动才能帮助自己来发泄强烈的情绪。

4. 赢得关注

有时候，宝宝撞头也许是想要吸引家长注意。这很容易理解，当你看到宝宝在做一些看似自虐的行为时，怎么可能不着急呢？正因为你对他这种行为的惊讶和关注程度，他才会觉得好玩并且继续这种行为。

5. 智力问题或者孤独症

除以上几种情况外，撞头还有可能与婴儿孤独症和智力障碍有关。但绝大多数情况下，这些病症还会伴随其他的生长发育警示，单纯的撞头很难说明问题。

当宝宝出现频繁撞头情况时，我们该怎么办呢？

为了避免宝宝把头撞伤，可以预先做好防范措施，比如把婴儿床四周包上衬垫，改用没有轮子的婴儿床，或者将床靠着墙边固定好，防止宝宝把婴儿床撞得滑行移位而发生危险。

知道了宝宝撞头更多是一种"自我调节"行为，家长就不

用过多担心了。孩子不太可能撞得太狠，使自己受到严重伤害。他清楚自己疼痛的极限，如果撞得很痛的话，宝宝自己会有所收敛的。

如果宝宝用撞头来引起你的注意，请不要上他的当。你的大惊小怪只会强化他的这种行为，也不要指责或惩罚他，他还太小，不知道这是怎么回事，你的负面情绪也只能起到强化作用，因为负面的关注也是一种强化。最好在平时多给宝宝一些正面的、积极的关注，不要让宝宝用这种错误的方式来提醒你。

对于将撞头当作一种节奏来抒发对音乐喜爱的宝宝来说，你应该帮助他找到其他方式来表达自己对节奏的喜爱。如给他放一些音乐和玩一些乐器的玩具，让稳定的节奏来安慰他。

另外，在白天，尽可能多带宝宝出去，让他多运动，以宣泄可能引起宝宝撞头的紧张情绪。

矫正说话"口吃"的孩子

孩子 3 岁时，开始上幼儿园了，此时也是他们语言能力的快速提高期，经常会和家长讲述幼儿园发生的事情。亮亮小朋反也是如此，只是他与很多孩子一样，还不能很好地把事情说清楚。

妈妈发现，亮亮讲话的时候，总是结结巴巴，有时候会"我、我、我"重复很多次，才能衔接上下一句话。亮亮的妈妈看到孩子这样就非常着急，很担心孩子将来成为结巴，就大声训斥孩子："不许说我、我！"结果亮亮慢慢越来越不爱说话了，偶尔说一些事情，也改不了这样的方式。当他想表达而又表达不出来的时候，他就会大发脾气，有时候甚至摔东西来发泄情绪。

"口吃"就是我们常说的结巴，是一种常见的语言流畅性障碍，在3~6岁的孩子成长阶段最容易发生这种情况。口吃主要表现为说话时某些字或音的重复，如亮亮就总重复"我"这个字，这种类型叫作连发型口吃；还有的口吃类型表现为经常把某个字音拖长，如"老——师""幼——儿园"，这种类型叫作伸发型口吃；另外有一种类型的口吃表现为反复说一句转接口语词但是不连贯的话。比如"这个——这个——"，这种类型叫作阶发型口吃。

孩子形成口吃的原因有很多种，除遗传、疾病等原因外，造成这种情况的主要原因是心理方面的因素，当然，这也和父母的教育方式有很大关系。通常来讲，造成孩子口吃现象出现有以下4种因素：

1. 词汇缺乏

3~6 岁的孩子正处于具体形象记忆阶段，虽然认识的事物很多，但是真正掌握的词汇较少，而且也不牢固。当孩子想表达一件事情的时候，他在大脑里一时搜索不到合适的词汇，再加上发音器官尚未成熟，对某些发音感觉困难，而神经系统调节言语的机能又差，因此，年龄越小的孩子越容易出现口吃的现象。

2. 神经紧张

神经紧张也是引发孩子口吃的因素。如果孩子从小接触的事物少，当他遇到新环境或者陌生人时，就会因为紧张而造成口吃。或者孩子抢着和别人说话，很想表达自己的看法时，也会因为激动或大家对他的关注而口吃起来。

3. 家长斥责

当孩子出现口吃时，有的家长会像亮亮的家长一样大声训斥孩子，或者压制孩子说话和申辩的机会，这会让孩子因为自卑、焦虑和退缩而口吃得更严重，或者出现亮亮那样大发脾气的现象。

4. 突发事件

一些突发的事件给孩子造成了重大的精神创伤也有可能引起孩子的口吃。如突然搬家、父母去世、被父母打骂、突然受到惊吓等，这些都会引起孩子心理上的冲突、恐惧、焦虑和不安，成为导致孩子口吃的导火索。

6 岁前的孩子口吃，如果是心理障碍的原因是可以慢慢纠正的。但如果孩子性格内向，讲不好话又经受不住周围环境施加的精神压力，长期处于紧张状态，或者过于注意自己发音重复，久而久之固定成习惯，口吃就会真正形成了。要矫正这种情况，主要靠家长的教育手段和技巧。

以下 5 个要点，对于各类型的口吃问题都有一定的矫正作用：

1. 给孩子创造宽松说话空间

家长在态度上千万不要斥责孩子，不要很强调地说"你又口吃了""你怎么连话都说不清楚"之类的话，也不能讥笑孩子或者模仿孩子口吃，更不能惩罚孩子，这样做不仅对孩子的口吃情况于事无补，还会让情况变得更糟糕。当孩子口吃的时候，不要表现得很关注的样子，就当什么事情都没有发生，但要耐心地听孩子说话，让孩子将语速放慢，不用着急，语调也可以降低一些，轻柔地说话可以防止口吃。孩子的心态放轻松，讲话就能更流畅一些。

2. 多给孩子讲话的机会

除平时多注意和孩子讲话之外，家长还可以让孩子念儿歌、讲故事，或者引导他讲讲幼儿园发生的有趣的事情。总之，要多多练习，尽量让孩子有兴趣去讲，但又不能让孩子感觉有负担。

3. 首先解决短语中第一个字的发音问题

孩子口吃一般是因为对短语的第一个字发音感到困难，如果发音过重或者过急，就可能产生口吃现象。因此，要引导孩子在说句子的第一个字的时候要缓慢，之后再逐渐大声过渡到第二个字，慢慢让孩子形成这样的习惯，就能预防口吃。

4. 鼓励群体活动以培养孩子胆量

有些孩子口吃是因为内向和懦弱的性格。家长可以多带孩子和陌生人接触，多参加一些群体活动。在减轻了紧张的情绪之后，孩子口吃的行为也可能会逐渐改正。

5. 客观面对孩子口吃问题

对于年龄已经较大，口吃很难矫正的孩子，有的父母觉得孩子很可怜，所以格外溺爱他，这样做对孩子没有什么好处。应该让他知道，自己虽然有口吃的缺点，但也有其他人不具备的优点，鼓励孩子正视自己的缺点，不要惧怕别人的嘲笑。

离开妈妈就生病，如何是好

每到幼儿园的开学季，幼儿园都会迎来一批新入学的小朋友，而这些小朋友大多刚入园没几天，就会陆续出现生病现象，幼儿园的老师也会提前跟家长打好招呼，尽管如此，家长们仍然忧心忡忡。很多家长不理解，为什么自己的宝宝和很多孩子一样，入学没多久就开始生病了呢？

究其原因，孩子们从备受家人照顾的环境来到一个一对多的幼儿园环境，无法得到家里独享的关注和细致的照顾，环境上有了巨大的改变，更重要的是"心理断乳"——与亲密的家人分离，独立面对一个陌生而又充满竞争的环境，从而产生严重的分离焦虑，进而通过各种身体不适表现出来。

实际上，孩子没上幼儿园时，经常带孩子的妈妈想要自己出去散散步，有的孩子也不会给妈妈这个机会。我记得在女儿

3岁刚刚上幼儿园时，本以为上学了她会很快适应，但是到了周末还是紧紧跟着我不肯让我离开。

分离焦虑是指婴幼儿因与亲人分离而引起的焦虑、不安，或不愉快的情绪反应，又称离别焦虑。分离焦虑是幼儿焦虑症的一种类型，多发在6岁前的孩子身上。

几乎所有的孩子在6岁前都发生过不同程度的分离焦虑，这些分离焦虑也一步步见证了孩子的成长过程，不仅是现在，将来孩子离开家去旅行或者去学校住宿同样还会面临这个问题。

发生分离焦虑的原因主要是孩子难以应付变化了的环境，亲人离去后缺少安全感，另外也与家长的策略有很大关系。

面对孩子分离时候的哭闹，要尽量控制好自己的情绪，忍住不要让自己妥协，一定要保持冷静的态度，强调你一定会回来的。那些3岁左右的孩子恐怕听不懂家长所谓的"1个小时后就回来"这样的时间词语，家长一定要将自己回来的时间与他的具体活动联系起来，如"你睡完午觉我就回来了"，这样有助于孩子理解分开这段的时间概念，让他心里有数。

如果家长与孩子一起离开家会缓解一部分分离焦虑，如周末忽然叫你去加班，你可以让爸爸或其他熟悉的人带孩子去公园，大家一同出门就比你一个人出门更容易让孩子接受。

另外，当你要离开家时，让家人安排孩子最喜欢的活动，然后在他进行得兴高采烈的时候离开，孩子可能会哭闹一阵，但是由于有那个感兴趣的活动，就有可能转移他的注意力，继续玩他的东西。

要记住这样一个原则，就是要承认孩子不想让你走的情感，但绝不鼓励他这个行为。你可以说："我知道你不愿意看到妈妈离开家，我也知道你心里很难过，请原谅妈妈不能带你一起去，可是我很快就会回来的。"不管有多困难，也要将他的小手从你的裤子上拿开，像平时那样与孩子告别，微笑而坚定地离去，千万不要往后看。态度很重要，你越犹豫和不舍，孩子就越觉得你走之后他的环境越不安全，就越是缠住你不放。

因此，一定要克制住自己，先将内心的焦虑彻底甩掉，在孩子面前不显露出蛛丝马迹。如果在父母的脸上流露出哪怕一点点的焦虑，对孩子来说都是雪上加霜。

如果有可能，回来时尽量要给孩子带回他期盼的东西，如："我今天加班会很晚回家，你睡觉的时候恐怕我也回不来。但是明天一早，你一睁开眼睛就会看到我，我们一起吃早饭，之后玩你喜欢的游戏。"或者最直接的："我会给你买你一直想吃的草莓口味的饼干。"当然，你说到一定要做到。

很多家长在与孩子分离时，选择"偷偷地溜走"，这非常不可取。当孩子找你时发现你不见了，而又没有人和他解释原因的时候，他会感到被抛弃和受骗了。

有的时候由于出差或者住院治疗，家长可能不得不长时间离开自己的孩子，这时候更要讲究一些策略，事先做一些准备，不然孩子由于长时间见不到你，又不能理解别人对他的解释，就会长久地陷入被抛弃的恐慌中。例如，你要出差，就要先和孩子玩"妈妈出差"的游戏，在游戏中告诉孩子自己工作的情景，以及孩子可能对你的想念，之后来一个"回家见面篇"结束，反复地和孩子表演这个过程，让孩子在大脑里对这件事情有了一个预知，这样当妈妈真的离开时，他就会容易接受一些。

不管怎样，这是一个家长与孩子共同成长的过程，在满足他的对爱的需求的同时，也要让他能够慢慢地独立成长。

为什么宝宝忽然不爱说话了

蕾蕾小朋友是个活泼开朗的孩子，在家里总是又蹦又跳、又说又笑的，还缠着家长和她玩。可是，到了其他不熟悉的环境，蕾蕾就完全安静下来，嘴巴一闭也不说话，问她什么，她就以摇头或点头来勉强回应一下。具体来说，蕾蕾已经上了 3 个月的幼儿园了，却仍然表现得很排斥，也很少主动参与到其他小朋友的玩耍当中。即使幼儿园的老师有意多去提问蕾蕾一些问题，蕾蕾也是站起来，低着头，搓着小手，闭口不答。

对于蕾蕾的表现，家人也很着急，带蕾蕾做智力测试，也是完全正常的。后来心理科医生将蕾蕾诊断为选择性缄默症。

选择性缄默症是一种精神障碍，是指已经获得了正常的语言功能儿童，因精神刺激的影响而表现在某些社交场合保持沉默不语的现象。其实质是社交功能障碍而非语言障碍。此症多在 3~5 岁时起病，女孩多见，缄默时可用手势、点头、摇头来表达自己意见，或仅用"是""不""要"等来表达内心的想法，偶尔还会用写字这种沟通方式。拒绝讲话的场合一般是学校或在陌生人面前。少数正好相反，他们在学校说话却在家中保持沉默。有的孩子拒绝与成人说话，有的只与儿童或熟悉的人讲话。

行为学家认为，儿童选择性缄默症是他们处理与环境之间关系的一种行为表现，沉默对孩子来说是一种最有利的自我保护工具，特别是那些还没有学会适应环境变化的孩子，当他认为自己所处的环境会给自己带来紧张感的时候，缄默几乎成为他们最直接的本能反应。

如果你发现自己的孩子也有类似蕾蕾的表现，那对照下面的5种症状，基本可以确定孩子是否患上了选择性缄默症：

1. 在需要言语交流的场合"不能"说话，而在另外一些环境说话正常。

2. 持续时间超过一个月。

3. 无言语障碍，没有因为说外语（或不同方言）引起的言语问题。

4. 由于入学或改变学校、搬迁或社会交往等影响到孩子的生活。

5. 没有患诸如孤独症、精神分裂症、智力发育迟缓或其他发育障碍和心理疾病。

孩子是因为什么原因而"缄默"呢？极其少数的孩子可能与遗传因素有关，对于大多数的孩子而言，这与家庭中父母的溺爱、过分保护有很大关系。

实际上，上面提到的蕾蕾小朋友，她从小就在家人的"严密监管"下长大。有一次，蕾蕾的妈妈不知道从哪里听说自己所在的小区曾经丢了一个孩子，从此就对蕾蕾高度警惕，从不离开蕾蕾半步。如果有陌生人上前搭话蕾蕾，家人都会非常警觉，事后还会警告蕾蕾不要让陌生人靠近自己，以防一些坏人会把小孩子骗走，那样就再也看不到自己的爸爸妈妈了。

　　就这样，时间久了就造成了蕾蕾对陌生人、陌生环境的习惯性恐惧，还形成了蕾蕾对家人的习惯性依赖。在这种过度的保护之下，蕾蕾就与外界隔开了，也失去了独立锻炼的机会，很少有机会单独去适应一个原本安全的社会环境。在蕾蕾心中，只有家才是世界上最安全的地方。

每当蕾蕾碰到自己不能解决的问题，都会习惯性地找家长帮忙，家长也都会替蕾蕾铲除一切障碍。因此，蕾蕾只知道躲在家长的后面就可以了，至于问题是如何解决的，自己不用操心，反正有爸妈来帮助自己。但是，当蕾蕾自己不得不置身于陌生的环境时，父母的保护都没有了，她就会感到很惶恐，再加上陌生的环境和陌生的人带给自己的恐惧和威胁感，就只能用缄默和退缩将自己封闭起来。

家长爱孩子是天性，有些爱能让孩子勇敢地独闯天下，有勇气面对生活中的各种挫折和挑战；但有些爱却温柔地像个罩子一样将孩子束缚，让他们失去了发展自我的能力。

爱，应该是孩子发展的推动力，而不应该成为他们发展的绊脚石，愿每个家长都能从蕾蕾小朋友的故事中做出反思。